陈灵子◎著

英语语言学的多维分析及其发展研究

四川科学技术出版社

图书在版编目（CIP）数据

英语语言学的多维分析及其发展研究 / 陈灵子著
. —— 成都：四川科学技术出版社，2024.5
ISBN 978-7-5727-1364-4

Ⅰ.①英… Ⅱ.①陈… Ⅲ.①英语—语言学—研究
Ⅳ.① H31

中国国家版本馆 CIP 数据核字 (2024) 第 108292 号

英语语言学的多维分析及其发展研究
YINGYU YUYANXUE DE DUOWEI FENXI JI QI FAZHAN YANJIU

著　　者	陈灵子
出 品 人	程佳月
选题策划	鄢孟君
责任编辑	张　琪
助理编辑	颜琦芮
封面设计	星辰创意
责任出版	欧晓春
出版发行	四川科学技术出版社
	成都市锦江区三色路 238 号　邮政编码　610023
	官方微博　http://weibo.com/sckjcbs
	官方微信公众号　sckjcbs
	传真　028-86361756
成品尺寸	170 mm × 240 mm
印　　张	8.5
字　　数	170 千
印　　刷	三河市嵩川印刷有限公司
版　　次	2024 年 5 月第 1 版
印　　次	2024 年 5 月第 1 次印刷
定　　价	60.00 元

ISBN 978-7-5727-1364-4

邮　　购：成都市锦江区三色路 238 号新华之星 A 座 25 层　邮政编码：610023
电　　话：028-86361770

前　言

　　语言是人类特有的一种交流方式。语言学是研究人类语言的学科，它可以反映人类的本质。语言也是人际沟通的重要工具，对加强人与人之间的交流、促进社会和谐具有重要作用。对语言的研究由来已久，但很多人心目中语言学却显得晦涩、陌生，是一门缺乏实用价值的学科。近几十年来，随着科学技术的发展，人际沟通在大众心目中的重要性明显增强，语言学也进入了快速发展的轨道，并得到更多的了解和关注。

　　英语语言学研究不仅历史悠久，而且对人类社会的发展产生了深远的影响，在某些方面甚至记录了人类历史的具体发展。随着人类社会实践的发展，英语语言学也发生了多方面的变化，因此，英语语言学需要结合实践的发展不断深入研究。随着全球化的不断深入和英语使用范围的逐渐扩大，我国对英语人才的需求也在不断增加，对英语人才的培养也越来越重视，从而加深了对英语语言学的研究。在此背景下，英语语言学研究的广度和深度需要不断拓展。在新的时期，不应只从单一角度开展英语语言学的研究，而应从多维角度开展，增加研究内容的深度和价值，要将英语语言学同其他学科联系起来，强化英语语言学研究的作用，促进英语语言学的发展。基于此，作者精心撰写了本书，以期更加深入、多层次地研究现代英语语言学基础理论，并为现代英语语言学的进一步发展略尽绵力。

　　本书对英语语言学的基本理论进行了总结，从不同视角对英语语言学进行探究，介绍了英语语言学的特点、流派、发展史，指出了语言学发展的趋势，一改传统从单一角度研究的方式，从多维角度对现代英语语言学基础理论及其发展进行了研究，以微观视角、宏观视角、文化视角、系统功能视角、教学视角分析了英语语言学理论及发展。本书论述严谨，结构合理，内容丰富，学术性强，可以帮助广大读者系统地了解语言学的理论体系，也希望对我国当代英语语言学的完善与发展起到一定的推动作用。

目　录

第一章　语言学概述

第一节　语言综述

一、何为语言

"何为语言"是语言研究学者首先需要考虑的问题，只有对"语言是什么"有了一定的了解，才能进一步研究语言学的理论及其应用。到底何为语言？下面就从两个层面进行分析。

（一）语言的定义

关于语言的定义，从古希腊至今，国内外学者给予了几百种定义，而比较有影响力的竟高达 100 多种。下面就从这些定义中选取一些常见的来认识一下"语言"。

列宁（Lenin）认为，语言是人类最重要的交际工具。

洪堡特（Humboldt）认为，语言具有持久性，并能瞬间消失，虽然可以用文字进行保存，但也是不完整的，只有在描述情境中的话语时才需要，它并不是一种产品，而是一种活动的过程。

多扎（Dauzat）认为，语言是一种思维工具，是语音的集合，是社会产品，它采用文字进行记录。

弗斯（Firth）认为，语言是被用来表达思想和交流感情的，并且涉及社会组织及日常生活情况。

沃尔夫（Whorf）认为，每种语言都与其他语言不同，其范畴和形式都是由文化规定的。

乔姆斯基（Chomsky）认为，语言是有限句子与无限句子的集合。

中国语言学家陈原认为，语言是一种社会现象，是人类最重要的交际工具。

此外，《韦氏新世界词典》中也提到了语言的几种比较常见的释义：①是人类的言语行为。②能够用于交际。③通过语音与语义组合形成系统，进而表达思想和感受。④是对于组合系统的一种书面的表达形式。

对于这一释义，许多语言学家给予了不同的关注，并采用多种模式进行研究，如视觉模式、动作模式、语言模式、听觉模式等。这些不同的模式能够相互发生作用，产生并创造了文本。当文本与图像结合时，如新闻报道、电视节目等也就产生了。

从上述定义中不难发现语言的本质特征，但是即便将所有定义相结合也不能保证界定的全面，即很难全面地说明语言的本质。到目前为止，语言的本质还没有一个统一的、被大家认可的、全面的定义出现，只能简单概括，语言是进行言语交际的一种形式，是一种口头与文字相结合的交际工具。

（二）语言的属性

总结来说，语言具有以下几个层面的属性。

1. 生理性

语言存在特殊的生理基础。在人类的大脑中有着成千上万种处理语言的机制，这就说明了人与动物为什么不同、婴儿为什么能够迅速获知语言、为什么小孩到了一定年龄掌握语言的速度会减慢等一系列问题，这主要是由语言的生理性导致的。换句话说，人类大脑中在半球的两个语言中枢（"布洛卡区"和"威尔尼克区"），这两个部分分别管制语言的表达和理解记忆。

2. 符号性

语言是一种符号，由形式和意义两个部分组合成一个系统。这个符号系统的各个部分有着横向与纵向的关系，即组合关系与聚合关系。在这个符号系统中，各部分之间是相互关联的，并不是独立存在的。社会交际的需要构成了语言的意义，而语言的意义又构成了语义系统，语义系统通过语法规则以语音形式进行呈现，这就是链条式关系。

3. 社会性和约定俗成性

语言主要用于社会交际，具有明显的社会性。在历史发展的过程中，很多语言已经是约定俗成的了，因此语言也就具有约定俗成性。语言的社会性和约定俗成性要求语言使用者对交际活动有更广泛的了解和认识，这样才能保证交际的正常进行。

4. 工具性

语言是将口头和文字结合的一种交际工具，这就是语言的工具性，而这种工具性主要体现在两个层面：①交际方面。语言是具体交流实践的产物。人们只有在确定的场合中使用语言才能真正地学会如何去用，也只有交际中的语言才会不断发展变化，并且赋予语言新的生命。②思维方面。语言是思维的工具，语言可以表现出人类的思维方式。通过这些思维方式，语言学家可以总结出人类的思维规律。此外，语言的习惯和语言的结构方式对人类的思维也具有反作用。

总之，语言的学习受生物、认识、心理和环境等因素的影响。语言比任何动物交际都复杂得多，语言使人类有别于动物。

二、语言的起源与发展

语言随着人类社会的发展而发展。在历史比较语言学占统治地位时期，由语言的起源与发展所建构的语言历史几乎是语言学研究的全部内容。随着结构主义语言学的问世，语言学的研究领域在不断扩展，但是语言的起源与发展仍旧是重要的研究对象。以下简要分析语言的起源与发展问题。

（一）语言的起源

在这里，语言的起源并不是指某一种具体的语言（如汉语、英语等）的起源。人类很早就开始关注语言的起源问题，早在远古的神话中就有许多关于语言起源的传说，如《圣经·创世纪》中关于上帝创造了亚当以及亚当给万物取名的描述；而在我国古代，女娲造人的神话也是家喻户晓的。这些都反映了先民们"语言神授"的原始观念。语言的起源实际上是与人类的起源密不可分的。人类思维能力的发展为语言能力的发展提供了条件,语言能力的发展又为思维能力的进一步发展提供了条件。语言是人类进化的产物,是社会发展的产物。

前已述及,巴黎语言学会于 19 世纪在学会章程中明确规定,不接受任何关于语言起源问题的报告。不难看出,语言起源这一问题的难度和当时语言学家解决这一问题的难度是非常大的。20 世纪 30 年代以后,动物学家、心理学家、考古学家和计算机专家开始涉足这一领域,并取得了一些具有科学意义的进展。

有些动物学家潜心研究人类近亲——黑猩猩的语言能力,并从中发现黑猩猩不仅可以用动作和面部表情进行简单交际,而且还可以利用各种形式交流信息。经过训练的黑猩猩,可以利用手势语或符号学习一些词汇,甚至可以创造一些新鲜的用法。例如,一只叫"沃秀"的曾受过九年训练的黑猩猩在见到一只鸭子时,会自动把它命名为"水鸟"。在此之前,沃秀曾学过"水""鸟"这两个词。这就表明,类似黑猩猩这样的猿类动物,在一定的条件下有可能发展出极为简单的语言能力。

一些考古学家通过测量古人类化石的脑容量来判断思维发展的水平,从而推断语言起源的大概年代。研究发现,晚期智人的脑容量和现代人差不多,可能已经具有产生语言所需的思维水平。

此外,美国科学家利伯曼曾通过计算机模拟属于早期智人的尼安德特人的发音系统。研究发现,尼安德特人还无法清晰地发出最基本的元音。语言学家分析,这些元音是有声语言必不可少的,因此可以推测,尼安德特人还不可能掌握有声语言。相较于早期智人,晚期智人的发音器官有了较大的改善,有可能发出较为清晰的声音。

从人类社会的发展进程中也能窥见一些语言的起源问题。旧石器时代延续了近 300 万年,在这漫长的时期里,人类社会的发展异常缓慢,而到了旧石器时代的晚期,人类社会的发展步伐突然加快。发展步伐的突然加快说明人类获得了一种以前从未有过的东西,这种东西很可能就是语言。

将不同学科研究的结果放在一起考察,形成了当今人们对语言起源问题的新认识。有声语言产生在距今四五万年前的旧石器时代晚期,也就是晚期智人时期。语言是长期进化的结果。在晚期智人之前,直立人或原始人已经可以用比黑猩猩的叫唤声更复杂一些的声音来交流信息。随着发音器官的不断完善和思维水平的逐渐提高，这些声音逐渐变得清晰，并由最小的单位按照一定的规则组成语流，语言就此产生了。

语言由动物的叫唤声发展而来，并非完全是主观臆断，而是依据现代科学提供的新资料做出的关于语言起源问题的新构想。当然这并不是最后的结论，随着科学的不断发展，关于语言起源这一问题的研究会有新的发展。

（二）语言的发展

众所周知，语言是随着社会的前进而不断发展的。

1. 语言发展的表现

语言产生以后，在不断发展的过程中，各种各样的发展变化形式层出不穷，产生了语言的分化现象及接触与融合现象。

（1）语言的分化

所谓语言分化，是指一种语言分化为不同的变体，或者分化为不同的语言。语言分化是语言发展的一个重要表现，它包含以下四种语言变体。

社会方言。社会方言是语言分化所形成的社会变体。因生产条件、生活方式、文化水平、宗教信仰、性别、年龄、职业的差异，同一个社会的人也会形成各种不同的小社团，为满足小社团的交际需要，这些小社团会自然地或人为地出现一些不同于共同语的特殊语言成分，社会方言就此产生了。

行业语。行业语是最引人注意的一种社会语言。各行各业因交际的需要会使用共同语中少用或不用的词语。例如，中国语言学界使用"深层结构""表层结构""切分"等词语；电影行业使用"蒙太奇""推""拉""摇""剪接"等词语；一些特殊的行业还会使用一种对外相对保密的隐语，如旧时商贩中流行的"平头"（一）、"空工"（二）、"横川"（三）等。同样，英语语言中也有大量的行业语。

地域方言。地域方言是语言分化所形成的地域变体。地域方言是最为常见的语言分化现象。只要是使用人口较多、历史较为悠久、地域分布广泛的语言，通常都有方言的差异。例如，现在英国本土就有 15 种左右的地域方言。被众多人口使用、历史非常悠久、地域分布广泛的汉语是世界上方言分歧最大的语种,方言差异非常明显。

虽然不同的方言有很大的差异,但方言毕竟是同一语言分化而成的地域变体,因此在很多方面还是有着较多的一致性的,如在语音上存在着一定的对应关系,词汇具有较多的同源性,语法具有一致性等。

亲属语言。亲属语言是地域方言进一步分化形成的。由同一种语言分化出来的不同语言称为"亲属语言"。亲属语言间的关系有亲有疏,根据语言间亲属关系的亲密度,可以建立亲属语言的谱系。有亲属关系的语言可归为一个语系中,语系又可分为若干个语族,语族又可分为若干个语支,语支又可分为若干个语种。同一语支语言的关系要比同一语族的近,同一语族语言的关系要比同一语系的近,而不同语系的语言间没有亲属关系。

(2)语言的接触与融合

除了语言的分化之外,各个国家不同的语言在发展中不断接触与融合。

语言的接触。语言接触是指不同语言之间的接触现象,特别是当这种接触影响了其中至少一种语言时,民族间的接触就必然会带来语言上的接触,而这种语言上的接触可以表现在不同层面。

语言的混合。语言的混合是一种特殊的语言融合现象。这种混合现象并不是一种语言同化另一种语言,而是由两种语言"拼凑"成一种混合语。语言混合突出表现在"洋泾浜英语"和"克里奥尔语"上。洋泾浜原本是旧时期上海的一条河浜,位于今天的延安东路。在旧上海,这里是外商聚集的地方。本地从事贸易或与国际贸易有某种关系的人为了与西洋人打交道而需要说英语。由于知识的限制或其他原因,他们往往用汉语的语法规则把英语的词组织起来进行交际,于是就逐渐形成了一种混合语,被称作"洋泾浜英语""洋泾浜"或"皮钦语"。这种混合语的特点是基本词汇来源于英语,语法则采用汉语语法,并且语音也有所改变。例如:My no can.(我不能。)

世界上许多与口岸或国境相邻的地方,都出现过类似的混合语,如"洋泾浜法语""洋泾浜葡语"等。有的甚至是几种语言的混合,如"萨比尔"语就是法语、希腊语、意大利语、西班牙语和阿拉伯语等的混合语。"洋泾浜"则是所有混合语的代名词。通常,欧洲语言被认为是洋泾浜的基础,因为有些语法和词汇源于欧洲语言,这些语言是商人和传教士为了与那些说不同语言的人进行交流而产生的。可见,洋泾浜语是一种特殊的语言变体,通常只有有限的词汇和非常简化的语法结构,其特点是它的曲折变化、性和格的消失。这种简化的变体在贸易和雇佣中能发挥作用,但交际功能十分有限。从严格意义上说,它算不上一种语言,只是在外语水平不高的情况下的一种应急产物。洋泾浜的生命力一般都不长。当洋泾浜语成为一个语言社团的主要语言,而且为那个社区的儿童作为母语习得时,它就成了克里奥尔语。克里奥尔语是 creole language 的音译,意思是"混血儿"。典型的克里奥尔语是以英语为基础的牙买加克里奥尔语和以法语为基础的海地克里奥尔语。克里奥尔语多发生在由殖民劳工构成的社会或国家及地区中。这些殖民劳工来自不同的部落、种族和民族,由于彼此使用不同的语言,无法进行更广泛的交流,于是他们开始使用一种洋泾浜化了的殖民者的语言。经过长期的使用,他们的后代便把这种洋泾浜作为母语来学习,并逐渐扩大词汇量,规范语法规则,进而就形成了克里奥尔语。

2. 语言发展的影响因素

语言是一种牵涉人类生活方方面面的复杂的社会现象,语言学家曾从多方面寻找影响语言发展的因素。总体来说,影响语言发展的因素主要包括以下三个方面。

(1)社会因素

语言是人类最重要的交际工具。语言要想真正地发挥其交际作用,就必须敏锐地反映人类对于自然界的各种认识和各种社会经验,紧跟时代发展的步伐。语言的交际工具的属性决定了社会的各种发展变化必然会促进语言的发展变化。其中,最有影响力的因素是战争与科技。

据统计,在人类历史上完全没有战争的时间不超过 600 年。自从有了人类社会,就有了为争夺生产资料而进行的战争,而每一次战争都加速了不同民族语言之间的相互影响。例如,现代英语中法语词汇之所以这么多,是因为英国历史上,从 11 世纪到 14 世纪,诺曼王朝统治了大不列颠。据英国语言学家埃克斯利的粗略统计，现代英语的词汇有 50% 左右来自法语或拉丁语。

人类探索自然世界的脚步从来就没有停止过，探索的每一步深入都会带来语言上的相应变化。尤其是近几十年，由于科学技术的发展，人们创造了许多新词来表达新概念、新技术和新发明，如 cyberphobia（电脑恐惧症）。

（2）心理因素

语言不仅是人类最重要的交际工具，还是人类最重要的思维工具。语言在用于交际和思维的过程中，必然会受使用该语言的人的心理影响。这种心理影响就会引起语言的变化发展。

不同语言社团的人，对语言往往有不同的心理。例如，在因纽特语中，有 15 个名词是用来表示不同形态或下落到不同地点的雪的，但却没有"雪"这个概括性的词语。因为雪在因纽特人的生活中占有非常重要的地位，因此他们创造出不同的词汇来描绘不同形式和不同条件下的雪。在英语文化中，雪就不那么重要了，一个简简单单的 snow 就可以满足表达的需要。

当有必要更具体一点时，一个更长的短语就能满足需要，如"飞雪"（drifting snow）。

在诸多心理因素中，思维是对语言变化发展影响最大。先民们长期使用具象思维，使抽象思维发展迟缓，所以他们的语言有着较浓的具象色彩。例如，龙在汉语中不仅是一种被神化的动物，更是帝王、皇权的象征，它反映了远古人类最原始的崇拜和敬畏。时至今日，在经历了上千年的演变和发展后，龙不断被注入新的内容，形成了现在的龙文化。在英语思维中，dragon 是一种形体巨大、长着翅膀、有鳞有爪、口中喷火，替魔鬼看守财宝的凶悍怪物，是罪恶、恶魔的化身。

（3）语言自身的因素

社会因素和心理因素都是语言发展的外部因素，这些因素仅能为语言的发展提出要求和提供动力。然而，语言能否接受和满足外部因素的要求，如何将这些外部因素转换为具体的变化和发展，还要取决于语言的自身因素，如语言和言语的矛盾运动。

言语是人们对语言的口头与书面运用，要受到交际对象、交际语境、交际信息和情感等因素的影响。这些因素具有开放性、多变性和具体性的特点，不可避免地会使言语与语言系统产生矛盾，进而引发各种"出格"现象。人们会根据具体的需求，创造出一系列语言中原本不存在的新词和表达，这就是"出格"的表现。这些"出格"现象中，有的可能只是昙花一现、转瞬即逝，而另一些将会遗留下来，成为语言系统的一部分，从而促使语言的变化发展。"出格"现象是语言发展变化的源泉。

三、语言的特点

语言对于人类而言至关重要，这是毫无疑问的。但是我们却很难明白为什么人类语言会优于动物语言。其他物种，如鸟类和蜂类常通过唱歌或跳舞的形式进行交流（其程序也是非常复杂的）。这说明它们也在使用语言吗？答案是否定的。下面就具体说明语言的特点及分类。

动物虽然也有各种沟通方式，但是无法与人类的语言相比。人类的语言是一种区别于动物的特有的交流方式，存在以下特点。

（一）任意性

语言具有任意性是著名语言学家索绪尔提出的。他曾指出，语言的任意性是指符号与能够指代的事物和所指代的事物之间的关系是任意的，即每一个词素的音义关系并不是有意设计的，而是任意形成的。

（二）二重性

二重性是指拥有两层结构层次的语言特征，底层结构的各个元素构成了上层结构的单位，每层结构又分别有各自的构成规则。

一般而言，语音是组成话语的元素，语音本身是不能传达意义的，语言只具有相互组合构成有意义的单位（如词）的功能。我们将语音看作底层单位，与上层单位（如词等）相对，因为底层单位是无意义的，而上层单位有明确的意义。二重性既存在于既有元素又存在于由元素组合而成的单位系统之中。其他任何一种动物的交流系统都没有也不可能具有二重性。这是因为许多动物是用特定的声音进行交际，这些特定的声音都代表相应的含义。换言之，动物语言中，上层单位具备明确的意义，但是却无法将其分为更小的元素，因此我们说动物交际系统不具备人类语言独特的区别性特征——二重性。也正因为如此，从人类语言的角度来看，动物的语言交际能力存在一定的局限性，受到了很大的限制。

二重性能够使语言产生巨大的创造力，仅仅使用有限的几个元素便可创造出大量的语言单位。例如，一套包含有 48 个语音的英语语音系统，仅用这些语言便可创造出大量的词汇，在此基础上又可以创造出无限的句子，句子间的不同组合又构成了无穷的语篇。

（三）创造性

语言的创造性又称为"能产性"，它来源于语言的二重性。语言能够产生无数的新的意义，可见语言是多么的复杂。无数的例子可以证明，语言能够通过新组合、新方法来传达新意义，并能被其他人接受。

如果把语言只当作一种交际工具，那么人与动物都可以用其来交际。需要指出的是，人类语言具有独特的创造性，而这些在鸟儿、蜜蜂、蜘蛛等任何动物上都是不存在的，它们只会传递信息，但是不会创造。人类的语言则可以通过不断组合创造出以前没有听到过的句子。

从某一意义上说，语言的创造性还表现在它可以制造无穷无尽的句子。例如，我们可以这样组成一个句子：Tom who is a naughty boy is playing football which is unsafely when.

（四）移位性

移位性是指语言使用者在交际的过程中可以用语言来表达不在交际现场（时间和空间上）的物体、事件或观点。例如，我们可以就秦始皇的作为畅所欲言，尽管秦始皇是公元前二百多年的人物；我们可以谈论南极的气候，尽管南极离我们遥不可及。

对于动物而言，一旦发生有关群体利益的刺激，多数动物会立刻做出相应的交际反应。例如，鸟类发出鸣声警告说明有突降危险的情况，这些动物是受直接刺激的控制。然而与动物的交际系统不同，人类语言不受直接刺激控制，人类谈论的话题不需要外界或内部的刺激引发。蜜蜂的交际有一定的移位性，它能够回巢报告在时间上和距离上都很遥远的食物来源，但狗却不能告诉人们它的主人过几天才能回来。人类语言能使我们谈论已不存在或尚未出现的事物。

（五）文化传递性

动物的语言信号是遗传下来的，而人类的语言是通过教与学获得的，一般需要在文化的环境下进行习得。脱离了语言学习的环境，即使拥有健全的发音器官，也不能发出准确、合适且美妙的语言。有一个特别著名的例子——狼孩，狼孩因为从小和狼生活在一起，所以他丧失了人类的语言，虽然具有人类的器官特征，但是语言上明显与普通人存在差别。

四、语言的基本功能

语言学家主要是从抽象的层面讨论了语言的基本功能，而并没有仅仅局限于语言的应用，如思考、聊天、读写、买卖等。他们对语言的实际功能进行总结，试图对语言的所有功能进行一个统一的概括分类。下面我们来列举两位比较有影响力的学者对语言功能进行的分类。

韩礼德提出了元语言功能的理论，即语言有概念功能、语篇功能以及人际功能。

概念功能：建立了逻辑关系及经验的模式。

人际功能：体现社会关系。

语篇功能：使语言与语境内容相互关联。

在韩礼德早期的著作中，他通过观察儿童语言发展的情况提出了语言的七种功能，即工具功能、启发功能、互动功能、控制功能、个体功能、信息功能和想象功能。

对于大多数人来说，交际的目的只是为了传达信息，但是雅各布森并不这样认为，他指出交际并不是唯一的目的，甚至也不是主要的目的。他在《语言学与诗学》一书中指出，言语事件包含六项关键要素：发送者、接收者、语境、信息、信码、接触。在这六个基本要素之上，雅各布森又建立了一套与六要素相对应的语言功能。

指称功能：用于传递信息。

诗性功能：享受语言本身的乐趣。

感情功能：用于表达观点、情感和情绪。

意动功能：通过指令或肯定说服或者影响他人。

沟通功能：与他人建立联系。

元语言功能：弄清交际意图、词语和意义。

第二节 语言学的内涵

一、语言学的定义

语言学是为了揭示语言及人类的本质。无论哪一种语言，都需要回答语言的本质这一问题。从不同的角度看，语言呈现出不同的本质。语言学家研究的角度、方法不同，因此就形成了不同的语言学流派。一种语言学流派，无论它占据着多么重要的地位，占据地位的时间有多久，它总会被修正和取代。语言学的价值不在具体结论，而在于认识论和方法论的价值。在语言学的历史中，无论哪一种流派，哪一种分支，他们之间是异同共存的。

语言学，顾名思义，就是对语言进行科学研究的学科。语言学在英语中最初被称作 science of language，后来才改为现在通用的 linguistics。语言学的研究对象是人类的语言，主要是对语言的本质、特征、功能和结构进行研究。

二、语言学的研究历程

（一）五个阶段

1. 语文学阶段

语文学是一门对古文献、书面语进行研究的学问。众所周知，文字的发明标志着人类社会逐渐步入文明时代。千百年以来，人类祖先用文字留下了很多文献。随着时代的变迁，后人阅读这些古文献非常困难，这就需要有专门的人对其进行注解，目的是让后人能够读懂这些文献。

古印度、古希腊与古罗马、古中国被认为是语文学发展的三大源头。公元前 4 世纪，古印度学者潘尼尼对梵语诗歌集《吠陀》进行了整理和注解，并总结出了《梵语语法》。古希腊学者亚里士塔尔库斯对荷马史诗进行整理与编辑，其学生狄奥尼修斯·特拉克斯写出了《希腊语法》这一权威文献。在这些经验的基础上，古罗马学者瓦罗与多纳图斯继续研究拉丁语，瓦罗的《论拉丁语》被认为是一本权威著作，多纳图斯的《语法术》长期被当作标准课本。古代中国的语文学研究非常独特，对文字十分考究，自秦朝以来，虽然有着纷繁复杂的方言，但是文字基本上是统一的，要想对古文献进行考究，必须围绕汉字的音、形、义展开，因此就诞生了音韵学、文字学、训诂学等，出现了很多相关的著作，如《说文解字》《广韵》《尔雅》等。

2. 历史比较语言学阶段

19 世纪初期，西方语言学学者开始采用历史比较法对语言本身加以研究，并产生了"历史比较语言学"，早期称为"比较语法"。英国人威廉·琼斯（Willian Jones）最早发现了希腊语、梵语、拉丁语存在极大的现实性，因此提出了"印欧语假设"这一论断，且这一论断逐渐成为历史比较语言学的先驱。德国著名学者施列格尔（F.von Schlegel）也认识到梵语与欧洲许多语言存在相似性，提出了"比较语法"，被认为是历史比较语言学的奠基者。之后，很多学者基于此进行了研究，并建立了一套历史比较方法，能够探索出不同语言之间存在的亲属关系。

3. 结构主义语言学阶段

索绪尔是结构主义语言学的鼻祖。他认为，语言学领域存在两种，一种是语言的语言学，另一种是言语的语言学。同时，他认为语言本质上属于一种符号体系，语言学就是对这一符号体系加以研究，探究其内部结构的过程。

受索绪尔的影响，心理社会学派与结构主义语言学派两大学派诞生。前者以梅耶（Meillet），巴利（Bally）为代表，认为语言是社会事实与心理现象的结合。后者分为三大派别：以雅各布森（Jakobson）为代表的布拉格学派、以布龙达尔（Brundal）为代表的哥本哈根学派、以博厄斯（Boas）为代表的美国学派。布拉格学派强调索绪尔提出的语言社会观，重视从社会的视角研究语言，发挥语言的社会功能，从而在音位、音位区别层面做出了重大的贡献，因此又可以称为"功能派"。哥本哈根学派强调索绪尔提出的语言符号说，并将其发展到极致，认为语言是一种由内容与表达构成的符号，这一符号并不依赖于语音，也不依赖于现实世界，因此哥本哈根学派的研究并不是对语言结构的研究，而是对抽象的关系结构的研究。美国学派着重于对实际语言的记录与描写，他们对于语言的意义是非常排斥的。他们注重描写中的分布，并在此基础上对语言单位进行切分与组合，因此又可以将美国学派称为"描写派"。

4. 形式语言学阶段

结构主义语言学存在几十年后，直到 20 世纪 50 年代中期，转换生成语法的崛起才打破了结构主义语言学称霸的局面。著名学者乔姆斯基创立了转换生成语法。在乔姆斯基看来，对语言进行描写与分析的目的并不是在于对语言加以分类，而是为语言建构一种理论，研究人的语言的生成，即如何运用有限的成分、有限的规则生成无限的句子。

乔姆斯基的目标是建构一个能够产生所有句子的语法系统，其包含两大层面：生成和转换。

5. 交叉语言学阶段

随着社会的进步与发展，语言学与自然科学、社会科学等紧密联系在一起，他们彼此相互渗透，形成一些交叉性学科。例如，语言学与社会科学相融合，形成社会语言学；语言学与心理学融合，形成心理语言学；语言学与人类学融合，形成人类语言学等。

当前，人们不仅对微观语言学予以重视，对宏观语言学也加以重视，我们已经进入了一个交叉学科研究的时代。

（二）两条路线

所谓两条路线，是指"整齐论"与"参差论"之间展开的斗争。

1. 上古时期的两线斗争

围绕"名与实"的问题，西方与东方几乎同时出现了两线斗争。

在西方，约公元前 469—前 399 年，苏格拉底的两个学生赫尔摩根与克拉底洛展开第一次争论，赫尔摩根提出"约定论"，即名由人来定；克拉底洛提出"本质论"，即名与实相应。苏格拉底先支持了"本质论"，后又支持"约定论"，第二次争论要长于第一次争论。

之后，亚里士多德等支持"约定论"，并提出相应的"类比论"，实际上都属于"整齐论",即注重规则与类似;而斯多葛学派则支持"本质论",并提出"不规则论",实际上都属于"参差论",即注重不规则与驳杂。

在我国,关于"名与实"的争论更早,可以追溯到老子、孔子、墨子时期,且各家的争论也有很多。

2. 中古时期的两线斗争

(1) 7、8世纪巴施拉学派与苦法学派的争论

在古希腊,巴施拉与苦法为两大著名城市,巴施拉学派强调古典阿拉伯语法,强调语言的严谨与整齐;苦法学派着重对游牧部落语言的研究,强调语言的参差差异。

(2) 13、14世纪的摩迪斯泰学派与普利西安语法学派的争论

摩迪斯泰学派强调于对理论的研究,注重程式化,未考虑语言使用情境。普利西安语法学派强调对语言材料的研究,立足于文学文献,注重语言的实际运用。

3. 近古时期的两线斗争

这时期的两线斗争是指17世纪的唯理论学派与经验主义学派间的争论。唯理论学派认为语言是思想的表现,而思想是普遍性的,因此语言的语法也必然具有普遍性。在唯理论学派看来,语言是人的天赋,是人类理性的呈现,对语言的研究要从语言内部出发。经验主义学派认为人类的一切知识都是从外部感官印象而来,并不是理性的呈现,而是外部感官的呈现。

4. 现当代时期的两线斗争

现当代时期的两线斗争表现在"谱系论"与"波浪说"之间的争论。"谱系论"学派认为,世界上存在不同语系,每一个语系必然存在其原始的语言,从原始语言这一树根出发,其他同系语言诞生并生出枝丫。每一种语系就构成了一株谱系树。"波浪说"学派认为,语言之间的关系并不是如同树干与树枝那样,只要语言与其他语言进行接触,就会形成波浪式关系。

（三）三次解放

在对语言学历史总结的基础上，吕叔湘指出语言学的历史最初是为读古代书籍、学习写作服务的。

到了 19 世纪中期，历史比教学的兴起使得语言学得到第一次解放，从而寻求新的语言规律。这时，语言学仍旧被认为是历史科学的一个分支。

到了 20 世纪初期，以索绪尔为代表的学者强调从语言本身来研究语言，因此使得语言学得到了第二次解放。这一观点持续了半个多世纪，很多学者和流派从语言本身来研究语言，从而探讨语言的规律性。

20 世纪 50 年代之后，一些学者不满足于将语言本身作为研究，而是指出应该将语言作为一种社会现象来研究，因此使得语言学得到了第三次解放。这在 20 世纪 60 年代表现得更为明显。

第三节　语言学的分类

语言学分为以下几大类。

一、语音学

语音与自然界的其他声音既有相同点，又有不同点。相同点在于，从自然属性看，声音通常都是因某些物体的周期性振动而引起的空气粒子的振动。不同点在于，语音不仅具有自然属性，还具有社会属性。语音是人类交际必不可少的物质载体，它负载着语言信息，是约定俗成的语言符号形式。

语音具有自然属性、社会属性的双重属性，因此可以分别从这两个方面去对语音进行相对独立的研究。从自然属性出发，针对所有人类语言的语音研究，属于语音学的研究；从社会属性出发，针对语音在某一个具体语言的系统中起什么作用的研究，属于音系学的研究。

音系学和语音学是具有各自独立研究领域又有交叉领域的两个学科。音系学与语音学相对独立，音系学的出发点在于语音在语言系统中的组织方式，属于语言学的核心部分；语音学的出发点在于语音自身的自然属性或听觉反应，与语言学的核心部分是间接联系。音系学和语音学的研究无法截然分开，音系学研究的是有自然属性的语音在语言系统中的作用，这自然需要先搞清楚语音的自然属性；语音学研究的是语言中的声音和发出语言时的肢体动作，而不是自然界的声音或与语言无关的肢体动作，这就必然要在研究中关注语音自然属性在语言系统中的作用。

从语音的自然属性看，无论男女老少，都有自己的发音特点，正因为这样，我们接到熟人的电话，往往就能够听出这个人是谁。一个人反复发同一个音——a，每次张嘴的程度、舌头的前后、用劲的大小、延长的时间等都可能有细微的差别，因此每次发出来的 a 也不是完全一模一样的。深究起来，每个人每次发出的 a 都是不相同的，但是我们没有必要把不计其数的不同的 a 都看作不同的语音单位。因为绝大多数 a 的差别都是非常细微的，只有仪器才能显示出来；有的差别，即使人的听觉能够察觉，也可能因为差别很细微而不必区分开来。可见，对语音的最小单位进行确定时，是有过一番取舍的。语言是交际工具，在交际中只要大家认为是同一个音，就没有再往下区分的必要。例如，撇开长短、轻重、高低的差别，北京人认为许多的 a 是同一个音。根据一个语言交际所需的必须区别而确定的语音小单元叫作"音位"。

二、音系学

音系学（phonology）研究语音和音节的构成、分布和排列规则。它的研究对象是语言的语音系统，研究起点是音位（phoneme）。音位是语言学中能够区别意义的最小语音单位。英语中约有 44 个音位。举个简单的例子，把 /p/ 读 10 次，由于生理原因，每次的发音都会有些细微的不同。另外，/p/ 在 poor 和 soup 中的读音也不同，这是因为周围语音的影响不同。不过，每个 /p/ 音还是相似的，不会和其他音位，如 /b/ 或 /m/ 混淆。

语音学研究的是人类能够产生的语音，而音系学研究的是组成语言和意义的语音子集合体。前者研究的是无序状态，后者侧重有序。

三、形态学

形态学（morphology）涉及词的内在结构。它研究最小的意义单位——语素以及词的形成过程。许多人持有一种观点，即在语言中，词是最小的意义单位，但事实却并非如此。因为很多词都可以再分解成语素，所以语素才是语言中最小的单位。语素有多种用途，比如有的改变意义或者词性从而产生新词，有的给已存在的词义增添语法信息或做细微的修正。由于语素是音义结合体，因此其中有不少复杂情况。由此产生了一个名为形态音系学（morphophonology）的新领域。

语言对形态成分的依赖程度不同。例如，在拉丁文中，意义是通过词尾形态变化而改变的。在英语中，更多的是利用词语的顺序来改变意义。如 The dog sees the rabbit（狗看到兔子）。改变词语排列顺序后，该句变为 The rabbit sees the dog（兔子看到狗）。显而易见，句义就产生了变化。在拉丁文和俄语中，dog 和 rabbit 两词根据他们在句中是主语还是宾语分别添加不同形态的词尾，因此即使改变位置也不会对句子的意思产生影响。

四、词汇学

所谓词汇学，就是一门研究词汇的学科。词汇是语言的基本要素，人类思维离不开概念，而概念的语言形式主要表现为词汇。由此可见，词汇学对于语言的发展具有重要的作用。

（一）词汇学的定义

词汇学（lexicology）是一门有关词的科学（the science of words）。词汇的积累在英语学习过程中占据着重要地位，因此一直是很多专家学者的重点研究对象。研究词汇学的专家杰克逊和艾姆维拉在他们合著的《词、意义和词汇》一书中说："作为语言学的一个分支，词汇学对词汇进行调查研究，描述并予以理论化。"由此看来，词汇学是有关"词汇的学问"，即有关词汇的系统知识。

词汇学的研究范围现在已经变得十分广泛，有的领域已经形成相对独立的学科，包括形态学（morphology）、语义学（semantics）、词汇语义学（lexical semantics）、认知语义学（cognitive semantics）、词源学（etymology）、词典学（lexicography）、认知词典学（cognitive lexicography）等。这些相互独立的学科和交叉学科正在把词汇学的研究推向一个新的发展高度。

（二）词汇的特征

词汇的特征有很多，下面我们就其中的几个进行简要的分析。

1. 普遍性与民族性

词汇对现实现象的反映，既有普遍性，又有民族性。所谓普遍性，是指客观世界中存在的某种形象会被人们赋予某一个概念，并且所有人都会用这个概念来记录它，反映它。对词汇来说，当所有的语言都用某一个概念来称呼它的时候，就证明了它的普遍性。例如，月亮、太阳等是自然界客观存在的事物，无论是英语、日语，还是法语、意大利语等，都会有相应的词语表达这些概念或现象，这就是他们的普遍性。所谓民族性，就是与普遍性相对的，每个民族都有自己独特的个性特征，不同民族对同一客观现实存在着不同的认识，表现在语言中，就是词汇的民族性。例如，各民族都有某种虚幻的概念，这反映在词汇上，汉语有"阴曹""地府""玉皇大帝"等词语，英语则有"heaven"（天堂）、"hell"（地狱）、"God"（上帝）等。

2. 任意性与理据性

各种语言符号的音义之间没有必然的联系，对于同一种事物，不同的语言可能有不同的音义表达。在同一种语言中，用什么样的声音代表什么意义是一致的，是由说这种语言的全体成员约定俗成的。例如，汉语把"装订成册的著作"叫"书"，而英语叫"book"，这是任意的，不存在什么理据性。这只是代表大部分的词语，语言中也有一小部分词语，他们之间的关系却是具有理据性的，是可以论证的。

复合词的构成词素一般是两个或两个以上，经过相互组合，构成相应的词语。并不是任意两个词素放到一起都可以构成意义明确的词语的，所以，这样的复合词是有一定的理据可寻的。例如汉语的"雨衣"就是"下雨时穿的衣服"的意思，这是可以论证的。其他语言中这种例子也很多，例如英语的"sunflower"（向日葵）就是"朝着太阳开的花"的意思，也是可以论证的。由此可见，词汇的音义关系既有任意性又有理据性。

（三）词汇学的分类

1. 根据研究对象划分

根据研究对象的不同，词汇学可分为普通词汇学和个别词汇学，也可以叫作一般词汇学和具体词汇学，两者之间是相互依存，彼此促进的关系。之所以这样说，是因为普通词汇学的形成和发展是建立在个别词汇学的基础上的；而普通词汇学建立之后，又不断指导个别词汇学，使之得到充实和发展。普通词汇学的主要研究内容是世界上所有语言词汇之间的共同规律，因此，它是关于词和词汇的一门研究学科，是普通语言学的重要组成部分。个别词汇学相对于普通词汇学来说，它的研究范围相对集中，主要是某一种具体语言的词和词汇，如专门研究汉语词汇或英语词汇、俄语词汇等。

2. 根据研究范围划分

根据词汇研究范围大小的不同，可以将词汇学分为广义词汇学和狭义词汇学。广义词汇学，包括语义学的内容，还包括词源学和词典学等。狭义词汇学主要研究词和词汇的构成、分类和发展规律等。

3. 根据研究方法划分

根据研究方法的不同，词汇学可分为共时词汇学和历时词汇学，也叫作静态词汇学和历史词汇学。所谓共时词汇学，指的是对某个时期的词汇体系进行静态和描写式研究的一种形式，它强调的是某一个发展阶段。历时词汇学则与之不同，它的研究是动态的，研究内容主要是词汇的起源和发展的历史过程。共时词汇学和历时词汇学代表的是截然不同的两种研究形式，但是他们之间却相互影响，紧密联系。词汇的静态描写，有助于历时词汇学的研究，而精通词汇的历史发展，有利于对词汇现状的深刻理解。

（四）词汇学研究的意义

按从小到大的影响程度来看，词汇学研究的意义可以从以下三个角度来论述。

1. 对语言学科的影响

本体研究方面，词汇研究有助于准确掌握词语的含义、结构和用法，有益于语法、修辞等相关语言学科的发展。语法包括词法和句法，词法分析与词义研究密不可分，现代语法也非常注重句法结构形式分析和语义研究的结合。修辞的一个重要目的是使语言表达更准确、生动，以达到预期的表达效果。修辞的运用在很多方面与词汇有关。例如修辞里"对偶"辞格，要求结构相同或基本相同、字数相等、意义上密切联系的两个词组或句子对称排列，这与词语的词性、词义内容有关。又如"谐音双关"，实际就是同音词的运用。

2. 对文学创作与鉴赏的影响

文学研究其实就是对现实生活的一种反映，语言是重要的媒介，也是文学艺术创作必不可少的条件。作家只有熟练地驾驭语言，才能够将其想要表达的思想和题材完美地展现出来，才能让读者产生共鸣，从而更加欣赏和喜欢文学作品。在语言表达中，词汇是最基本也是最不可缺少的材料，从作品中使用的词汇我们就能够看出该作家的语言风格及其想要表达的内容。

3. 对社会文化历史研究的影响

语言是一种符号系统，它是文化的一个重要组成部分，在文化发展中发挥着不可忽视的作用。文化是社会发展变化的积累，而语言又可以直接反映社会的变化，尤其是语言中的词汇能最优先地反映社会的变化、历史轨迹，是人们研究历史的重要依据。另外，对词义的研究，也可以反映出人们观念的差异和转变。

五、句法学

句法（syntax）是关于形成和理解正确英语句子的原则。句子形式和结构受句法规则支配，这些规则规定词语顺序、句子组织、词语间关系、词类及其他句子成分。

（一）句法学的概念

句法学研究的是单词组成句子的方法，以及支配句子结构的原则。

不同语言的句子顺序都不尽相同，如英语是"主语 + 动词谓语 + 宾语"，日语是"主语 + 宾语 + 动词谓语"等。显而易见，研究句子结构能够让我们更好地理解句子含义。

传统句法强调数、性、格。一般情况下，数分为两种，即单数与复数。性分为阴性与阳性，有些语言还有中性。格是针对名词和代词的，有主格、宾格、所有格。动词则有时态和体。

任何语言都有很多词类，能在句子中起相同作用的词构成了相同的句法范畴。英语中句法范畴大致有以下五种：①动词短语。②名词短语。③形容词短语。④副词短语。⑤介词短语。

（二）生成语法

我们都知道语言学有许多流派，这些流派都有自己的一套句法理论，如结构主义有结构主义语法，功能主义有系统功能语法等。生成语法的句法理论对现代的影响较大，下面我们主要围绕该理论进行探讨。

生成语法是美国语言学家乔姆斯基于 1957 年创立的语言学理论。在他提出的片语结构语法中，句子的组成成分结构是有层次的。

1965 年，生成语法进入标准理论时期，乔姆斯基提出：句法的基础部分包括了改写规则和词汇库，改写规则生成深层结构，再通过转换规则将深层结构变成表层结构。深层结构是句子结构中的不同成分的内在层面，它决定了语义。表层结构是指句法派生过程的最后阶段显示出的句子形式，如 What has Mary borrowed？通过改写规则，可以得到该句的深层结构 Mary has borrowed what？

后来乔姆斯基对学说进行了修正，采用了语迹理论。意思是在句子中，一个成分从某个位置移动到另外一个位置后会留下痕迹，这个痕迹就叫作语迹。例如：The letter was written by Tom. 其深层结构应是：Tom wrote the letter. 如果在被动句中加上语迹：The letter was written（trace）by Tom. 那么深层结构的信息，即 letter 本是 write 的宾语，也能在表层结构上一目了然。在语迹理论中，语义解释的必要信息也可以来自表层结构。

六、语义学

语义学也是现代英语语言学中的一个重要内容。

（一）语义学的内涵

语义学研究的是语言单位和话语的意义，包括意义的本质、意义间的关系，以及意义间相互作用的规则。这种意义是抽象于语言使用之外的，是自然语言的各个单位的意义，包括词素、词、词组、句子、篇章等。

（二）语义学的起源和发展

现代意义上的"语义学"由法国语言文学家布列阿尔（Breal）提出。1897 年，他的著作《语义学探索》问世，对语义学的研究对象和方法作了系统的阐述，从而标志着语义学作为一门独立学科的诞生。然而在随后的漫长时间里，语义研究并未受到太多的重视。直到 20 世纪中期，人们才开始关注对语义的研究。第七届国际语言学大会（1952 年）和第八届国际语言学大会（1957 年）都对语义问题十分重视，很多学者不仅对其进行研究，同时也出版了很多相关的专著，具有代表性的学者有乌尔曼、帕尔默、利奇和莱昂斯等。由此可见，随着语言学的发展，语义学在现代语言学研究中的地位不断上升。今天，语义学已突破了传统的语义学在研究层次和研究方法上的相对单一，实现了跨学科、多维度和多层次的研究。未来语义学发展的两个重要方向是认知语义学和形式语义学。

（三）语义学研究

语义学的研究主要包括以下三个方面的内容。

词汇语义。词汇层面的研究主要集中在词义问题、义素分析、词的聚合问题、词汇场、同形异义词和多义词、成语的语义等方面。

句子语义。句子层面上的研究是以真值条件语义理论、配价理论、生成理论、言语行为理论、含义理论为基础，来研究句义关系、句法结构和语序等问题。

话语语义。这是针对句子以上的层次的结构意义方面的研究，包括话语的标准、话语的衔接、话语的连贯及照应等。

七、语用学

语言的使用简称语用，它受到诸多原则、准则的制约，包含复杂的推理过程。对语用现象进行研究的学科是语用学。

（一）何为语用

语用指的是人们在具体的语言环境中使用语言进行交际，表达特定意义并产生相应交际效果的行为。

（二）语用研究

1. 什么是语用学

语用学，简单来说就是研究语言使用及其规律的学科。语用学是一门新兴学科，在语言应用研究和语言应用实践领域都有重要价值。语用学本身是语言学研究的进步和发展，在语言交际领域是新的突破，提出了新的理论和解释办法，尤其是使得语义学的研究得到丰富。在实践领域，一方面提出了关于语用的理论，另一方面为语言的使用提供了理论指导。

2. 语用学的分科

语用学研究兴起后，许多学科都开始关注，并对语用学做不同角度的研究，出现了诸如形式语用学、描写语用学和应用语用学等分支学科。

随着语用学研究的不断深入，出现了跨文化语用学、教学语用学、医学语用学、心理语用学、认知语用学等许多分支学科。这些分支学科的研究一方面使得语用学的研究更加细化，另一方面也使语用学的研究更加丰富，更具有实用价值。

第二章 现代语言学的发展研究

第一节 现代语言学的特点和发展趋势

一、现代语言学的历史回顾

语言学有三个重要的传统：古印度传统、古希腊传统、阿拉伯传统。

为了传播和阅读古代印度的宗教颂歌《吠陀经》,古印度的语言学家用经验的方法对梵语语法做过相当精细的描述。著名语言学家潘尼尼的《梵语语法》由 3996 条诗歌体的规则组成。这些规则分成章节段落,讲解梵语的形态现象和主意现象。古印度语法学家把词分为四类：静词、动词、介词、小品词。表示实体意义的词叫静词；表示动作的词叫动词；介词的功能是限制静词和动词的意义；小品词包括比较小品词、连接小品词及诗歌中做形式成分的小品词。代词和副词不算独立的词类,分别归入静词和动词中。古印度语法学家还研究构词法,他们把词分为词干和词尾两部分。词干是不变部分,词尾是变化部分。他们把静词分成七种变格形式,分别叫作第一格、第二格等。

古罗马人对语言研究的贡献并不是很大。瓦罗把亚历山大里亚学派的语法体系运用于拉丁语,著成《拉丁语研究》一书,共 24 卷,是拉丁语法的专著。传统语法的术语便是用拉丁语形式书写的,这些术语至今大部分还通用。阿拉伯人很早的时候就开始研究哲学、天文学、数学、化学和医学,著作众多,水平很高,他们创造了世界文化史上灿烂辉煌的阿拉伯文化。阿拉伯语言学是阿拉伯文化的一部分,也达到了相当高的水平。

阿拉伯语有着丰富的词汇和严密的句法,阿拉伯学者吸收了古印度语言学和古希腊语言学的经验,建立了阿拉伯语的语法体系。著名语言学家巴维希写出了第一部阿拉伯语的语法著作《书》,这部权威性著作的完整性和系统性使后代学者赞叹不已。

中世纪的欧洲在语言学理论上停滞不前。这个时期,拉丁语成为科学上的通用语,只有掌握了拉丁语才能打开教会教育和世俗教育的通路,因此,拉丁语成了语言学的主要研究对象。学者们特别强调"规范性",认为"语法就是使话说得好,写作写得好的技术"。拉丁语这时已是一种死的语言,主要用于书面交际,因此这个时期语音学的研究完全被忽视了,学者们研究的是字母,而不是语音。由于学者们主要研究拉丁语法,拉丁语法与一般语法便被混为一谈。当他们研究其他语言的时候,往往机械地把拉丁语法的规范硬套在这些语言上面,结果弄得削足适履。

17世纪,法国出现了一个唯理语法学派,其代表人物是法国波尔·洛瓦雅尔教派的阿尔诺和兰斯诺。1664年,他们出版了《普通唯理语法》一书,用逻辑的方法来研究语法,试图找出"语言艺术的自然基础"和"适用于一切语言的一般原则"。唯理语法是以法国哲学家笛卡尔(R. Descartes)对于良知和理性的理解为出发点的。他们认为,人类的心理、人类的概念是处处相同的,是不可变易的,语言是思想的表现,语言和思想之间有着内在的联系,因此,语法和逻辑之间也必然有着内在的联系,语法应该依赖于逻辑,逻辑的标准应该是确定语法现象正确性的标准。德国政治家和语言学家洪堡特探讨了语言的本质和功能、语言与思维的关系、语言的文化内涵等具有普遍意义的理论问题,为现代语言学思想奠定了基础。他的《论爪哇岛上的卡维语》的导论《论人类语言结构的差异及其对人类精神发展的影响》是第一部关于普通语言学的著作,被后人誉为"语言哲学的教科书"。洪堡特认为"语言绝不是产品(ergon),而是一种创造活动(energeria)"。语言能力是人类大脑功能的重要组成部分,正因为语言是大脑的一种能力,说话人才能运用有限的语言手段创造出无限的语言行为。他认为一个民族的语言和思维是不可分割的,声称"一个民族的语言就是他们的精神,一个民族的精神就是他们的语言",语言的不同,对于客观世界的理解和解释也不同。洪堡特还根据语音、语法和词汇上的相似性,把世界的语言区分为孤立语(isolating language)、黏着语(agglutinative language)和曲折语（inflectional language）三种类型。他认为汉语是典型的孤立语,梵语是典型的曲折语,而包括黏着语在内的其他语言则处于这两种极端类型之间。

15 世纪由意大利兴起、16 世纪逐渐发展到整个欧洲的文艺复兴运动,大大促进了研究古典文学遗产的语言学（phiology）工作的开展,地理上的新发展、殖民地扩张的开始、对新民族宣传基督教教义的要求,开阔了欧洲学者的语言学视野,他们积累了大量的语言学素材。西班牙学者赫尔伐士于 1800 年出版了《语言目录》一书,共分六卷,包含 300 多种语言材料,这些材料不仅限于词汇,而且对某些语言（约 40 种）的语法也做了简短的说明。德国语言学家阿德隆于 1806—1817 年间出版了四卷本的《米特里达脱斯或普通语言学》,援引了将近 500 多种语言材料。这些都为语言的历史比较研究提供了有利的条件。

二、现代语言学的特点

（一）从语言系统的研究到语言使用的研究

索绪尔区分语言和言语,区分语言的语言学和言语的语言学,强调语言学的对象只能是"就语言和为语言而研究的语言"。在《普通语言学教程》出版后半个世纪,对语言系统的研究不论在理论上和方法上都有重大进展,取得了丰硕的成果;但对语言使用的研究相对来说显得十分薄弱,言语的语言学没有建立起来。正如瑞士语言学家鲁莱所说的那样:"索绪尔提出的这种区分所引起的结果是,对语言系统的研究迅速发展起来了,但同时也产生了不幸的后果,它导致语言学家脱离对语言使用的研究。"这就不能不引起众多语言学家的重视,要求开展对语言使用的研究。吕叔湘在《语言研究》创刊号的题词中指出:"语言的研究不应局限于语言本身,也要研究人们怎样使用语言,研究语言在人类生活中的作用。"从 20 世纪五六十年代开始,对语言使用的研究在国外语言学界蔚然成风。

（二）语言理论的多元化

在西方语言学中,传统语法、历史比较语法和结构主义语法都曾经各领风骚,在他们的时代处于主导或独尊的地位。从 20 世纪 50 年代起,过去那种归于一统的局面已被打破,出现了众多的语法理论,形成了流派林立、诸说纷呈的景象。这些语法理论从不同的侧面来解释语言机制,从而表明了他们各自的语言观,因而也可以说是出现了语言理论多元化的局面。

纵观当今各派的语法理论,可以看出以下一些带倾向性的特点。

第一,语言研究的形式化,即一切从形式出发而不是从内容出发,对研究对象(包括语法和语义)做形式化处理,以便精确地加以分析和表达。形式化的研究可按不同的模式进行,有的是生成模式,如转换生成语法;有的是非生成性质的,如蒙塔古语法。随着语言学日趋紧密地与计算机和工程技术相结合,这种研究还将继续发展。语言研究的形式化与前面说过的语用学和后面要说到的社会语言学互相对立,但这并不妨碍他们按照自己的方向发展。

第二,功能语法的兴起形成一股学术思潮,足以与上述形式化的倾向相抗衡。目前功能语法的研究大致可以分两类:一类以自然语言的功能观为基础,着重研究语言在交际中的作用,除韩礼德的系统语法外,还有荷兰狄克和美国库诺的功能语法较为著名;另一类以语言成分在结构中的功能关系为基础,着重研究他们在话语中的作用,关系语法和词汇 – 功能语法与之接近。

第三,阐释语言的共性或普遍现象(universals),寻求各种语言间的共同点。这种研究在观点和具体做法上并不一致。有些语法理论主张,只要对一种语言做深入的分析,就有可能发现语言的普遍现象,例如,转换生成语法是在英语研究的基础上发现自然语言中存在的普遍原则,然后用其他语言(尤其是非印欧系语言)来验证,并加以补充和修改;而功能语法学家则主张从各种语系和各个地区中选取有代表性的语言,就某些问题进行分析和比较,找出他们的普遍现象。

三、现代语言学的发展趋势

现代语言学主要是描写特定语种的语言系统,展开对某个特定的言语社团的纷繁复杂的言语活动现象的观察、描写、分析,以便从中提炼出该社团使用的语言符号系统。形式主义在现代语言学描写成果的基础上开始集中关注语言中规则化。现代语言学的研究不仅需要对语言实质进行探索，还需要关注语言现象的描写，更重要的是对语言事实、语言现象及存在于不同语言系统之内的变异情况做出尽可能合理的解释。形式主义、功能主义和类型学三大研究取向共同作用，产生了当代的认知语言学。无论其研究对象、方法、目的有多大区别，其本质还是对语言本体的研究。

计算机的使用是今天语言学研究迅速发展的重要因素。同时，计算机也离不开语言学，因为计算机软件的核心是算法语言，计算机科学的主要理论基础是形式语言学。可以说，没有现代语言学，计算机就无法得到充分的发展和广泛的应用。语言学与计算机是紧密联系、互相促进的。

语言学是一门复杂的科学。对于其中的许多问题，各种学派的观点很不相同，看法还很不一致。可以说，语言的奥秘至今还没有完全被人类真正认识，许多问题还需要做进一步的探索。现代语言学的发展说明，我们应该多角度、多层次、全方位地研究语言，对语言体系、言语活动、言语机制等各方面进行深入广泛的研究，才能全面深刻地认识语言的奥秘，更好地运用语言和充分发挥语言的作用。随着语言科学的发展，语言学的应用越来越广。

在新的繁荣时期，我们注意到了语言学有两种可能的趋势：一是功能语言学的兴起。现代功能语言学不同于传统的功能语言学（如布拉格学派，马丁内特等），它把功能和形式结合起来。这就使它区别于形式化的语言学。这方面值得一提的是英国的新弗斯学派的代表人韩礼德。他提出的功能语法正在发展中。二是认知语言学的兴起和发展。随着认知科学的新生，围绕人类的认知问题，不同的学科都开展了自己的研究。与认知有密切联系的语言理所当然地受到了人们的重视，加上计算机科学的进展，人们迫切需要了解语言信息的处理过程及如何运用语言获得知识。认知语言学自然应运而生，但目前这只是一个可能的苗头，也只能说正在孕育之中。人们期待着它的诞生。语言学的地位和作用正在逐步为人们所认识。人类离不开语言，人类的特点也在于有自己的语言。

第二节　现代语言学的主要流派

现代语言学一百多年来的发展经历了三个主要时期，历史比较语言学、结构主义语言学、转换生成语言学分别是这三大时期的代表。

一、历史比较语言学

历史比较语言学以前又称比较语法，通过语言亲属关系的比较研究语言的发展规律，拟测他们的共同母语。历史比较语言学是在 19 世纪逐步发展和完善的，主要是印欧语系的历史比较。19 世纪之前，这种研究不是没有，但都是孤立的、分散的研究，到 19 世纪才进入系统的研究，并使语言学走上了独立发展的道路。历史比较语言学的产生有两个不可或缺的条件：一是广泛收集世界各种语言材料，二是认识到梵语在语言比较中的地位和作用。欧洲商贸业和航海业的发达开阔了人们的视野，使语言学家有可能接触到更多的语言，从而进行比较研究。

19 世纪，历史比较语言学家为语言学的发展做出了重要贡献。他们收集了丰富的语言材料，进行了广泛深入的调查和比较，不仅提出了人类语言演变过程的假设，画出了世界语言的谱系，而且还创造出比较科学的研究方法，提出了有关语言起源、语言本质的新理论，为后来结构主义和描写语言学的产生和发展创造了有利条件。历史语言学是语言学史上的一个里程碑，从历史语言学开始，人们才认识到，研究语言还可以跨出本民族语言的圈子，到一个更加广阔的天地研究语言、寻找语言的亲属，通过亲属语言之间的比较研究，找出语言发展的规律特点。

二、结构语言学

结构语言学是语言学的重要流派之一，兴起于 20 世纪 30 年代的欧洲，基本理论源出于索绪尔的《普通语言学教程》，反对对语言现象进行孤立的分析，主张系统地研究。结构语言学的主要论点扼要地说有两个方面：第一，认为每种语言都有一套独特的关系结构；第二，每种语言的个别单位都不是孤立存在的，而是在与其他单位的区别、对立中存在的。结构语言学的鼻祖索绪尔有一个著名的例子：语言结构类似于象棋，每个棋子都有一定的意义和动作范围，以若干个区别特征与其他单位对立，按一定的规则相互作用，离开了象棋的结构关系，这些单位不过是毫无意义的木块或石子。语言中的词或语素都可以比拟为这样的棋子，结构主义强调不能孤立地从事物的个别性去认识它，而要同时从各个成分之间的关系、从结构的分层符号系统的整体性去认识，这无疑是正确的。结构主义语言学后来陷入了形式主义的死胡同，过于追求抽象形式，而忽视语句的具体内容，显得比较片面。

三、转换生成语言学

转换生成语言学是运用转换生成的理论和方法研究语言，出现于 20 世纪 50 年代末，以美国乔姆斯基为代表。乔姆斯基的活动中心在美国马萨诸塞州的麻省理工学院；另外，在欧洲有一个专门研究转换生成语法的学术组织，叫"旧大陆生成语言学协会"，这是一个国际性的生成学派组织，于 1975 年秋成立于荷兰。

1957 年，乔姆斯基的《句法结构》出版，标志着"转换生成语法"的诞生。这一理论是建立在理性主义的哲学基础之上的，它完全不同于建立在经验主义基础之上的美国结构主义。它的出现是对当时居于主流地位的美国结构主义语言学的一大挑战，被人称作"乔姆斯基革命"。

转换生成语言学认为简单、主动、肯定、陈述句是核心句，其他形式如否定句、疑问句、被动句等，都是从核心句转换来的。实验证明：这有一定道理，因为给受实验者几十个各种类型的句子，让他们回忆，结果是核心句被正确回忆起来的最多，其他形式的句子都有被回忆成核心句的倾向。这说明，每经过一次转换，句子就复杂一些，理解和记忆的心理过程也就复杂一些，所以在大脑存储系统的深层，基本结构还是核心句的完形。

转换生成学派的影响不仅体现在语言学方面，在其他学科，如计算机科学、人工智能及认知科学等方面也产生了一定的影响。乔姆斯基认为，转换生成语法将促进认知科学的发展，并把语言学的研究和神经科学、心理学及生物学等学科的研究结合起来，共同为探索人脑的奥秘做出贡献。

第三节　英语语言的发展史

一、英国英语和美国英语的演变与发展

根据各个国家英语的变化渊源和近似程度，英语首先可以分成英国英语和美国英语两大类，每一类又分别为不同的国家所使用。英国英语主要用于英国、爱尔兰、澳大利亚、新西兰、西印度群岛及南非等；美国英语主要用于美国和加拿大。一提到英国英语和美国英语，很多人都认为与汉语的普通话一样，分别指在英国和美国使用的"普通话"。其实，无论是在英国还是在美国，都不存在任何形式的法定标准发音。根据英国语言学家斯基特的调查，苏格兰有 9 种主要方言，爱尔兰有 3 种，英格兰和威尔士共有 30 种，而我们所说的英国英语，只不过是这几十种方言中的一种，即以英格兰东南部的语音为基础，以伦敦音为标准的语言。这种超越地域差异的标准发音被语言学家称为"被接受的发音"（received pronunciation, RP）。在著名英国语言学家琼斯和吉姆逊合编的 Every Man's Pronouncing Dictionary 的引言中对 RP 的定义是：在南方家庭，一些在公共学校中受过教育的人及大多数受过教育的伦敦人中可以经常听到的发音（Jones & Gimson）。英国的另一位语言学家阿莉斯曾指出，RP 是首都伦敦、法院和教堂等处有教养的发音。而美国英语是指在美国相当于标准语的，或起标准语作用的那部分英语，在语言学研究中通常被称为普通美国英语（General American English, GA）。在全国性的广播、电视系统中使用的就是这种发音。据统计，美国有 71% 的人说 GA。目前在我国的英语教学中采用的发音就是指英国英语的 RP 和美国英语的 GA。

（一）英国英语的发展阶段和美国英语的起源

1. 英国英语的发展阶段

语言史的分期同历史研究中的分期一样往往是有争议和分歧的，不同的学者由于着眼点不同而有不同的分期。斯特朗将英语的发展分为九个时期：公元 370 年以前、370—570 年、570—770 年、770—970 年、970—1170 年、1170—1370 年、1370—1570 年、1570—1770 年、1770—1970 年。怀尔德（H.C. Wyld）则把英语的发展历史分为三个时期：古英语时期（1150 年以前），中古英语时期（1150—1400 年）、现代英语时期（15 世纪至今）。其中，1400—1550 年属于早期现代英语时期，19—20 世纪属当代英语时期（Wyld）。李赋宁采用了多数英语史学者的观点，把英语的发展历史分为 3 个时期：古英语时期（450—1150 年）；中古英语时期（1150—1450 年）；现代英语时期（1450 年至今），其中公元 1450—1770 年属于早期现代英语时期。

2. 美国英语的由来

美国英语不是一种独立的语言，它来源于英国英语，只是在北美特殊的文化、历史及社会环境里形成了若干独特的形式和含义。用现代语言学的术语来说，美国英语是英语的一种变体，是近 400 年来英语使用于北美这个特殊的地理环境，受美国社会文化影响而形成的一种变体。

美国英语源于伊丽莎白时期的英语。1607 年，首批殖民者 120 人乘三艘大船横越大西洋，在弗吉尼亚州的詹姆斯河口建立了詹姆斯城（James town）。1620 年，又有 120 个殖民者乘"五月花号"（May Flower）船驶抵马萨诸塞州的普利茅斯（Plymouth），建立了殖民地。当时英国正处于伊丽莎白一世统治时期，从英语的发展史来看，正处于现代英语的早期开始阶段。在最早移居新英格兰的清教徒中有 100 多名还是牛津大学和剑桥大学的毕业生，他们将伊丽莎白时期的英语带到了北美新大陆，成为美国英语的起点。从这时起，两国都说伊丽莎白时代的英语。在很长一段时间里，美国英语与英国英语之间并没有什么显著的不同。狄更斯到美国去了一趟之后，写了一本小说《马丁·朱述尔维特》。在这本书里，他借用了美国人物口中说出的英语，除了发音和重音之外，和英国人说的英语也没有显著差别。

（二）英语的迅猛发展及其原因分析

1.英国英语的巨大变化与美国英语的继承性

自 17 世纪初伊丽莎白时代向美洲移民以来，英国英语发生了很大变化。

（1）语音方面

16 世纪末，英国开始向北美大陆移民时，fast、bath、calf 等词中，元音都发成 [æ]；直到 1780 年英国人谢里丹出版了发音词典，fast、bath 等词中的元音还是发成 [æ]；到了 1800 年以后 [a:] 的发音才逐渐出现在伦敦附近的英语中。1800 年以前元音后的字母 r，如在单词 earth、firm、turn、word 中，是要发音的，但 1800 年以后，这样的 r 在伦敦方言中已经不发音了。1800 年以前的英语中，在 which、when、what 等词中 wh 发为 [hw]，which 与 witch 不同，而在 19 世纪伦敦英语中，wh 读为 [w]，which 和 witch 无发音区别。在 17 世纪伦敦英语中，due、duty、true 等词中元音发成 [iu:]，如 [diu:]、[diu:ti]、[triu:]。到了 19 世纪，除了在 r 后，u 仍然发 [iu:]，如 [diu:]，但是 [tru:] 例外。以上所列的 17 世纪伦敦英语在 19 世纪虽然发生了变化，但在今天的美国中西部英语中仍保留着 17 世纪的伦敦音。由此可见，以中西部为代表的美国普通英语（GA）在不少方面确实比今天的伦敦英语更接近伊丽莎白时代的英语。

（2）词汇方面

美国英语不仅在语音方面比英国英语更遵循伊丽莎白时代英语的传统，在词汇意义方面也是如此。在英国英语使用者的眼里，大洋彼岸的英语比他们本土的"嫡传正宗"英语反而保留了更多的"古体词（archaism）"。《美国英语词典》的编者克雷吉很早就注意到美国英语的这种倾向。1850 年，由哈利维尔主编的《古语和方言词典》收集了 300 多个古体词，这些词在英国已陈旧不用，而在美国却依然流行。例如，loan 这个词做动词的用法起源于英国，可以追溯到 1200 年前后，在亨利八世（1491—1547 年）时期曾以 lonying 的形式出现于文书之中，后来，loan 的动词用法在英国逐渐少见，因而《牛津英语词典》在为 loan 的动词用法举例时，18世纪以后的例句大多来自美国。baggage 在 15 世纪进入英语，到 18 世纪结束时已趋消失；在英国现在用 luggage 表示原来 baggage 的意思，而 baggage 在美国仍在使用，保留了"行李"的原意，并构成了 20 多个合成词，如 baggage room（left luggage office）、baggage car（行李车厢）、baggage man（行李收发员）、baggage master（车站，行李车等的行李负责人）等。fall"秋天"，1545 年始于英国，后来逐渐转用 autumn 一词，现在很少有英国人用 fall 表示"秋天"，而在美国则为常用词。这就是英国英语的巨大变化与美国英语对英语传统的继承性在语音和词汇方面的一些表现形式，也是英美英语走向分离的原因之一。

2. 美国英语的独特发展

美国英语的独特性最明显地表现在来源众多、数量丰富的外来词或借词（loan word）方面。据统计，今天的美国英语中约有 1 700 多个词来自印第安语的借词，其中大部分与印第安人的组成和生活有关，如 wigwag（印第安房子或帐篷），其余的多为北美特有的动物、植物及食物名称等，如 moose（驼鹿）、raccoon（浣熊）等。一些美国的地名也来自印第安语，如 Chicago、Massachusetts 等。此外，印第安语的借词还通过合成的方式构成很多复合词，其中在《美国主义词典》中所列举的由 Indian 一词构成的合成词竟多达 80 个，如 Indian meal（玉米粉）、Indian summer（晚秋晴暖宜人的气候）、Indian weed（烟草）等，大多数在 17 世纪进入美国英语。北美土生土长的印第安词汇在丰富美国英语并使之适应新大陆交际需要方面做出了积极的贡献。还有很多来自法语的借词，一类是有关探险、旅行和表达西部景色、风俗的词，如 charivari（对新婚夫妇恶作剧的胡闹音乐，大吵大闹）、lacrosse（长曲棍球）等；另一类是颇能反映法国文化特色的烹调饮食词汇，如 jambalaya（火腿、鸡或牡蛎等煮成的什锦饭）、praline（果仁糖）。这些词大多于 18 和 19 世纪进入美国英语，而西班牙语早在移民开始前的探险时期已经开始与英语交融，而且现在西班牙语仍是美国的第二大语言，在南方诸州尤为流行。在两种语言和文化的接触中，许多西班牙语词汇陆续进入了美国英语。有不少词汇，如 tomato、barbecue、savannah（美国东南部无树木生长的热带或亚热带大草原）等已融入世界通用的英语，无论在美国英语还是在英国英语中都同样适用。不仅印第安语，法国和西班牙的语言以借词的方式对美国英语的发展也产生了重要影响，荷兰语、德语也对北美英语的独立发展产生过作用。

综上所述，美国特殊的自然和社会环境推动了美国英语的独立发展，而北美各民族和文化的接触、交融又为美国英语的这种发展提供了丰富的语言材料。这正是美国英语偏离英语传统的创新倾向。

二、美国英语的融合与创新

（一）关于美国英语的沿革

门肯在《美国语言》一书中汇集了有关美国英语丰富、有用的材料，把美国使用的英语看作一种独立的语言，强调美国英语与英国英语的差异。美国哥伦比亚大学教授克拉普在《美国英语》这部专著中深入研究了美国英语的特有形式及其起源和沿革。克拉普不赞同门肯把在美国所使用的英语称为"美国语言"或"美语"，而称之为"运用于美国的英语"。在美国使用的英语和英语传统保持着密切的联系，同时含有许多源于美国独特的历史环境和反映美国特有的文化传统。克拉普的主张对英国英语和美国英语的共性强调有余，而对其差异因素则考虑不足。

后来，不少语言学家不断探讨美国所使用的英语问题。马克华德特在《美国英语》一书中指出"American English"这个名称十分贴切：English一词表明它属于英语，排除了门肯所主张的将它当作一种独立的语言的可能；而修饰语 American 比起克拉普表示地点关系的修饰"in America"具有更严密的限制意义，体现了这种语言的文化和历史属性。美国英语反映了美国文化、历史和社会特定含义、运用于美国的那种美国标准语。美国英语（American English）逐渐被人们所接受。总之，美国英语不是一种独立的语言，它是起源于英国英语，在北美特殊的文化、历史、社会环境里被长期使用并受美国社会文化影响而形成的一种英语变体。

（二）民族同化与语言融合

美国社会常被称作一个大"熔炉"（melting pot），是多种民族和多元文化的融合。北美最早的土著居民印第安人在长期的渔牧耕作中形成了自己独特的文化传统。在英国人建立北美殖民地前后，法国、西班牙等国的殖民者也纷纷来到新大陆。在随后的 300 多年中，欧洲、西亚的移民先后来到美洲大陆，其中还有非洲的黑奴贩卖到北美从事农场劳动。许多不同的民族生活在一起，他们的历史、文化传统相互交融，彼此渗透。在各民族相互接触的过程中，英语成了北美的主导语言。与此同时，英裔美国人又把融合中的英语强加给其他各族裔居民，使英语成为北美各族裔的共同语言。美国前总统杰斐逊在论述民族与语言的关系时指出，语言和民族是交织在一起的，民族进步了，语言也会随之发展。他认为，美国英语不仅来自英国英语，而且是美国多民族语言的融合体，先后从印第安语、欧洲大陆诸语言中吸收了许多有用的营养。许多学者指出，只要美国还有新的移民涌入，语言融合始终是美国英语的主要特征之一。

　　总之，美国英语的形成与发展与美国的移民有着密切的联系。世界各地移民的不断涌入给美国的语言融合创造了有利的条件。美国英语在多民族的语言文化中吸收营养，从而充实了自身的内涵，加快了语言的多元发展，因此具有鲜明的融合特征。

三、美国英语的创新

（一）社会环境对语言创新的影响

　　美国特殊的自然和社会环境推动了美国英语的独立发展，而北美各民族和文化的接触交融又为美国英语的发展提供了丰富的语言材料。美国英语在其发展过程中出现了偏离英语传统的创新倾向，而创新恰恰是美国英语成为美国英语的根本特征。美国英语的变迁与发展与自然环境和社会环境有着密切的联系。美国英语在一种多变的历史时代中创造和借用了大量的新词汇来反映生产力的发展、文化形态的变异、政治经济制度的改革、外来民族的融合等。正如美国历史学家丹尼尔·布尔斯顿所说，美国英语的形成关键在于这个民族的人民在新的社会和新的生活环境中不拘一格地创造和使用新词汇。

（二）社会发展对语言创新的影响

　　吴世雄指出，一般而言，一个民族的生产力水平越高，这个民族的语言中就记录着越先进的内容。第二次世界大战以来，美国在科技和经济领域的发展走在世界最前列。在英语世界里，起主导作用的已不是英国英语，而是美国英语，有人将美国英语的渗入称作"可口可乐殖民主义"（Coca-Cola colonialism）。在科技领域出现的新科技、新发明、新创新要求有与之相适应的新词汇来表达。以太空领域为例，space shuttle（航天飞机）、space station（空间站）、spacebiology（太空生物学）等，显示了美国在太空领域探索的世界领先地位。此外，bionics（仿生学）、fiber optics（纤维光学）、gene splicing（基因剪接）、diaphanography（透照法）等，也率先在美国英语中使用。

第三章 微观视角下的英语语言学

第一节 语音语言学

一、现代语音学

近代语音学建立以后，其研究主要集中在发音生理范围内，此后随着学科的发展，逐渐深入到了其他各个方面。语言的声音看似平常，实际上是一种非常复杂而且极为奥妙的现象。用语言进行交际的全过程应该经历"发音—传递—感知"三个阶段。第一阶段，说话人的大脑指令发音器官发出语音，这是一个从心理现象转换到生理现象的过程；第二阶段，语音以空气作为媒介传到听话人和说话人的耳朵里，这是一个从生理现象转换到物理现象的过程；第三阶段，语音通过听觉器官被听话人的大脑感知，这是一个从物理现象转换到心理现象的过程。可见，要全面深入地了解语音的特性必须从生理、物理和心理各个方面去进行研究。

从近代语音学发展到现代语音学，大体上是从 20 世纪 30 年代后期开始的。当时，音位理论已趋于成熟，语音物理属性方面的研究也已经广为开展，并在 20 世纪 40 年代取得了可喜的成果。

二、发音语音学

发音语音学以发音器官在发音过程中的生理特征为主要研究内容，所以也可称为生理语音学。传统语音学就属于发音语音学，它通过唇、舌在发音时的状态对元音加以分类和描写；通过发音过程中发音器官某个部位阻碍的性质和部位，对辅音加以分类和描写，并制定出各国通行的国际音标。这些方面的研究成果具有实用价值，已经成为学校语音教科书的基本内容，并且至今仍然是各分支学科进行语音研究的基础。今天的发音语音学研究内容比以前更加深广，研究的手段更加现代化。作为现代语音学的一个组成部分，发音语音学主要研究言语活动的神经肌肉、生物机械和空气动力的过程，提取一切有关发音的物理参量，并阐明他们与语音特性的关系，如声带的发声作用及其与语音的关系。发音语音学不仅要研究声带振动的生理 – 物理性质，而且要测量声带振动的各种参数及其与语音的关系。例如，在不同的元音条件下，声门下的气流压力变化与语音的音强有什么关系。又如，传统语音学说明发音活动时，只用舌位、唇形的变化描述元音，用发音部位和发音方法描述辅音，而现代的发音语音学则要求对发音器官活动时的声腔进行客观的测量，求出客观的参数，为人工合成语音提供科学数据。

三、声学语音学

声学语音学研究语音传递阶段的声学特性，相对于发音语音学来说，声学语音学是一种物理语音学。过去，语音的物理属性主要是声学家（言语声学）研究的内容。近几十年来，由于言语通信工程和人工智能研究等方面的需要，在许多方面已经和传统语音学逐渐结合起来。声学语音学借助于最新的电子仪器和其他器械，正在日益深入地揭示语音内部的奥秘。他们所获得的研究成果对传统语音学也有很大的意义，因为语音的声学实验使过去传统语音学中所谈到的许多语音现象得到了客观的科学的验证，同时还揭示了一些凭口说耳听无法发现的极为重要的语音现象。

四、感知语音学

感知语音学研究语音感知阶段的生理和心理特征，也就是耳朵是怎样听到声音的，大脑又是怎样理解这些声音的。也有人把这方面的研究称为听觉语音学或心理语音学。这是现代语音学里最新的一个分支学科，它的产生和心理语言学以及人工智能的研究密切相关。一方面，心理语言学研究语言习得和语言使用的心理过程，必须从语音入手；另一方面，在人工智能的研究中为了让计算机听懂自然语言，也必须弄清楚人类是如何通过语音理解意思的。感知语音学是最近十几年才发展起来的边缘学科，但已经展示了广阔、深远的前景。从言语的听辨出发，心理语言学家提出了许多不同于传统观点的新鲜见解。例如，话语的声音通常被看成线性的时变系统。根据这种观点，大脑神经似乎是按照语音序列的先后，依次逐级听辨和感知语言的，也就是从音素到音节，然后是词素、词、短语，最后理解整句话。心理语言学家认为，从声学上来说，组成一句话的每个音素未必犹如串在一根线上的一颗颗珍珠。事实上，音素只是为了语音研究的方便人为地分析出来的，在快速语流中，人们很难分辨出单个的音素或音素间的界限。

　　总之，心理语言学家对言语感知的探索才刚刚起步，许多理论尚处在假说的阶段，各家看法也存在分歧，各种不同的见解都是富有启发性的。心理语言学的研究与传统语音学也并非毫无关联。例如，用肌电仪器可以发现，在语音未发之前，发音器官有关部分的肌肉已经受到中枢神经的"指令"开始做发音准备了。另外，在一连串的语音中，前一个音素虽然已经消失，但在感知系统中却仍然在起作用，对后面的音素有一定的影响。这就为语流音变中的同化作用提供了生理、心理方面的科学依据。

第二节　词汇语言学

一、词的结构

　　每一种语言都拥有丰富的词汇，而且，这些词汇不是孤零零存在的，而是彼此之间有着各种各样的联系的。从某种意义上说，语言中的词汇就像世界上的人，每个人虽然都是一个独立的个体，但是身处社会之中，就不免会与社会群体中的其他人群存在着各种联系。比如，每个人都有亲属、朋友、同事、同学等，每个人生活的圈子也不一样，在不同的圈子中，扮演着不同的角色，承担着不同的责任。词汇也一样，一个词可能属于名词，在某个句子中充当主语；从结构上来分析，这个词可能由另外一个词添加一个后缀构成。

　　我们可以引入语言学中的两个重要术语，分别是词素和词法学。词素是语言中最小的有意义的单位，词法学是研究词的内部结构和构词法的学问。在前面分析过的例词中，move、write、sing、dance 等都是英语中的词素，re–、–er、un–、–ly 等前缀和后缀也是词素。词素的特点是它虽然不能单独出现在句子中来承载意义，但词素本身是携带意义的，是音和义的统一体，而且不能再被细分。这样一来，writer 这个词就是由两个词素构成的，即 write+er，而 unfailingly 这个词则由四个词素构成，即 un+fail+ing+ly。

二、英语新词的产生

（一）新词的定义

"新词"指的是某一段时期内或自某一时间点以来首次出现的词，往往是出于对新事物进行描写的需要而出现的词，也指词典上还没有收录的词语，如很多词典后面增补的词语就是新词。

（二）英语新词产生的原因

1. 文教体育的发展

文教体育的发展带来各种新词汇，主要表现为以下几个方面：①在教育和语言研究方面，因教学方法和教学用具的改革而出现了一系列新词。②和教育有关的现象带来了一系列新词。③电台和电视娱乐亦是较大的新词供应者。他们都很注重 audience rating（视听率）和开发 hot line（热线），注意节目类型的多元化，比如 call–in（听众通过电话与主持人通话的节目）、talk show（脱口秀）、sitcom（情景喜剧）、soap opera（肥皂剧）、prime time（黄金时间）、instant replay（即时重播）、VTR（磁带录像机）、VCR（盒式录像机）等都是人所共知的用语。④多姿多彩的新体育运动也丰富了英语的词汇，如 yoga（瑜伽）、taekwondo（跆拳道）、skateboarding（滑板运动）、sand yacht（沙滩艇）等。

2. 新型文化的出现

人口的变化和发展为人口统计学提供了不断更新的数据和新名词。例如，美国人给一代代年轻人贴上了不同的标签，渐渐成为人们心中的时代代表名词，如 20 世纪 60 年代的 hippies（嬉皮士），80 年代的 yuppies

（雅皮士）。

社会流行文化语促进了新词的产生。随着社会的进步和网络的迅速发展，不知不觉我们的生活中就多了很多的流行性新词，并且广泛地被人们应用。例如，近些年来流行用一些缩略词来表达一种特定的含义，如 PK、CEO、WC 等。对于"WC"大家已经很熟悉了，其实，在地道的英语中，对卫生间的正确表述应该是"toilet"或"the restroom"。但是现在很多人都会将卫生间简化为"WC"，大家也都明白其含义，随之也流行了起来，很多不会说英语的人也应该知道它的意思了。

随着音乐制作方法的不断更新和改进，音乐领域也出现了很多新词语。随着时代的演进，electrophonic music（电子音乐）成为音乐家们制作音乐的一种重要方式，其中非常具有代表性的 metal music（金属音乐）就可以分为很多种类，有节奏和速度较慢的 doom（毁灭金属），也有以夸张的舞台表演方式或浓妆艳抹的外在形象吸引乐迷的 glam metal（华丽金属）。

3. 科学技术的进步

现代科学和技术的进步是英语新词发展的最主要原因。为了描写新的发明和发现，各行各业的新词不断产生，比如已经发现的 black hole（黑洞）、neutrino（中微子）、nanometer（纳米）、quark（夸克）、quasar（类星体），已经发明的 radar（雷达）、laser（激光）、hovercraft（气垫船）、bullet train（高速火车）、container ship（集装箱船）等。这种新词的产生总是伴随着所在领域的发展，其中很多已经走出专业领域而为大众所接受和使用。

4. 电脑网络的革新

电脑技术的迅猛发展带来很多的新词语。电脑从 desktop（台式电脑）发展到 laptop（便携式电脑），又发展到 palmtop（掌上电脑）。电脑技术的迅猛发展带来的新词比比皆是，如 computer system（计算机系统）、hardware（硬件）、software（软件）、mouse（鼠标）、monitor（监视器）、keyboard（键盘）、CPU（Central Processing Unit，中央处理器）等。此外，hardware 和 software 还衍生出诸如 courseware（课件）、groupware（群组软件）、freeware（免费软件）、shareware（共享软件）

等相关新词。

Internet（互联网）的蓬勃发展促使很多新词语相继出现。互联网的蓬勃发展早已让 www（world wide web，万维网）、web page（网页）、web site（或 website，网站）、web browser（万维网浏览器）、web phone（网络电话）、web server（万维网服务器）等广为流行。越来越多的家庭有了 broadband access（宽带接入），broadband networks（宽带网）或 Intranet（内联网），网上聊天的工具也越来越多。

第三节　句法语言学

一、句法学

（一）句法学概述

句法学研究的是单词组成句子的方法，以及支配句子结构的原则。不同语言的句子顺序都不尽相同，如英语是"主语＋动词谓语＋宾语"，日语是"主语＋宾语＋动词谓语"等。显而易见，研究句子结构能够让我们更好地理解句子的含义。

传统句法强调数、性、格。一般情况下，数分为两种，即单数与复数。性分为阴性与阳性，有些语言还有中性。格是针对名词和代词的，有主格、宾格、所有格。

（二）生成句法

我们都知道，语言学有许多流派，这些流派都有自己的一套句法理论，如结构主义有结构主义语法、功能主义有系统功能语法等。生成语法的句法理论对现代的影响较大，下面我们主要围绕该理论进行探讨。

生成语法是美国语言学家乔姆斯基于 1957 年创立的语言学理论。在他提出的片语结构语法中，句子的组成成分结构是有层次的。

1965 年，生成语法进入标准理论时期，乔氏提出：句法的基础部分包括了改写规则和词汇库，改写规则生成深层结构，再通过转换规则将深层结构变成表层结构。深层结构是句子结构中的不同成分的内在层面，它决定了语义。表层结构是指句法派生过程的最后阶段显示出的句子形式，如 "What has Mary borrowed？" 通过改写规则，可以得到该句的深层结构 "Mary has borrowed what？"。

后来乔氏对学说进行了修正，采用了语迹理论。意思是在句子中，一个成分从某个位置移动到另外一个位置后会留下痕迹，这个痕迹就叫作语迹。例如："The letter was written by Tom."其深层结构应是"Tom wrote the letter." 如果在被动句中加上语迹 "The letter was written by Tom." 那么深层结构的信息，即 letter 本是 write 的宾语，也能在表层结构上一目了然。在语迹理论中，语义解释的必要信息也可以来自表层结构。

1980 年，乔氏的理论进入原则和参数方法时期。他提出了管辖与约束理论，并开始使用 D-structure 和 S-structure 的概念。D-structure 是句子中的一个抽象层次，在这一层次里句子被赋予施事者和受事者的语义角色。S-structure 则是另一个层次，在这个层次中，句子被赋予句法中的格形式。从 1993 年至今，乔氏的理论进入最简方案时期，他这时的目标是消除生成语法中的冗余部分，达到模式最简化的水平。

二、句法关系

一般情况下，句法关系可以分为三种，即位置关系、替换关系及同现关系。下面，我们主要围绕这三种句法关系进行具体的阐述。

（一）位置关系

语言要完成其交际功能，就必须设法标记出分句中各短语的语法作用。例如，在 "The boy kicked the ball." 中，就须用一种方法来标明第一个名词短语作主语，第二个名词短语作间接宾语。人类语言中两种最常用的传达这种信息的方法是位置关系（或词序）和缀合法。

位置关系，又称词序，指的是语言中词汇的排列顺序。显而易见，句子中的词语只有按照语言的规约进行排列，才能产生符合语法的言语。

（二）替换关系

替换关系是指语法上可以在相同结构句子中相互替换的词类或词语

的集合。

（三）同现关系

同现关系是指不同组分句中的词语可准许或要求与另一个集合或词类中的词语同现来构成句子或句子的某个部分。

三、短语与句子

（一）短语

短语是含有一个以上词语的单一结构要素。一般情况下，短语首先应是构成一个成分的一组词语。其次短语在语法层级上要低于分句。更精确地说，简单分句可以包含短语，但是简单短语（一般）不包含分句。

（二）分句

一个成分具有自己的主语和谓语，若其还被一个更大的句子所囊括，则该成分可称为分句（clause）。

分句分为两大类，即限定性分句和非限定性分句。非限定性分句包括传统的不定式短语（infinitive phrase）、分词式短语（participial phrase）和动名词式短语（gerundial phrase）。

（三）句子

从传统的语言观角度来看，句子是能够表达思想的最小单位。20世纪30年代中期，布龙菲尔德对句子做出了定义："在无论多大的语言形式中，不被任何语法结构所包含的结构。"句子可根据结构和功能两个层面进行分类。

第四节　语义语言学

一、语义特征

语义对立的观念常常反映在语义特征的差别和对立上，如"南"和

"北"、"东"和"西"、"大"和"小"，即是特征上的相反。今天的语义学，特别是结构语义学里，语义特征的分析非常重要。

二、语义歧义

（一）歧义的内涵

所谓歧义，指的是同一形式的语言符号序列可能表达不同意义的现象。例如，当我们看到"炒蛋炒饭"这个词组时，可能会产生两种理解：第一，既炒蛋又炒饭，其结构可以分析为"炒蛋 / 炒饭"；第二，拿蛋做配料来炒饭，其结构可以分析为"炒 / 蛋炒饭"。同一句话，却因为不同的读法产生不同的含义，这就是"歧义"。

（二）歧义的分类

归纳歧义类型，实际上也就是寻找歧义的原因。从分析"歧义"的内涵，我们可以知道，歧义首先可以分为口头歧义和书面歧义两大类。其中，口头歧义主要是同音词产生的。而在语法学界，人们主要关心的是书面歧义。书面歧义又可以分为词汇歧义和组合歧义。下面我们主要对这两种类型的歧义进行分析。

1. 词汇歧义

词汇歧义主要是由于同形（书写形式相同）异义和一词多义造成的。例如："他乘机（机会 / 飞机）走了""他走（行走 / 离开）了一个多小时了""他的包袱（包裹 / 思想负担）很重""车上的人多半儿（大部分 / 可能）是外语学校的"。英语里"After taking the right turn at the intersection."有"在路口右转后"与"在路口沿正确的方向转弯后"两义。

2. 组合歧义

组合歧义是由词语组合关系上的原因造成的，一般可以分为语义组合歧义和语法组合歧义两种。

（1）语义组合歧义

语义组合歧义就是相同的词语之间可以有不同的语义组合关系，从而造成歧义。例如，"连老王都不认识"，其中的"老王"既可以是"认识"的施事，也可以是"认识"的受事。按前者来理解，全句的意思是说"老王都不认识（这个人）"；按后者来理解，全句的意思是说"别人不认识老王"。又如"北京、广州我们都去过"，其中"都"的语义既可以指向"北京、广州"，也可以指向"我们"。按前者来理解，句子的意思是"我们不但去过北京，还去过广州"；按后者来理解，句子的意思是"我们之间没有谁没去过北京、广州"。

（2）语法组合歧义

语法组合歧义可以分为四种形式，如下。

第一，词类不同造成的歧义。例如，"菜热不热"这句话根据"热"这个词的不同词类可以有两种解释。第一种，"热"作动词，意为"加热"，那么这句话的意思就是"菜用不用加热?"；第二种，"热"作形容词，意为"热的"，那么这句话的意思就是"菜是不是热的?"。

第二，词和短语通形造成的歧义。例如，"我去银行存款"和"我的存款并不多"这两个句子中，"存款"的形式相同，含义却不同。在第一句中，其含义是"存钱"，表示的是一个动作；而第二句中的含义是"已经存下来的钱"，是名词。

第三，结构关系造成的歧义。如果相同的词语之间可以有不同的层次构造，也有可能造成歧义。例如，"新职工宿舍"这个词组的层次构造可以是"新 / 职工宿舍"，也可以是"新职工 / 宿舍"。按前者来理解，词组的意思是"新建的职工宿舍"；按后者来理解，词组的意思是"新入职职工的宿舍"。再如"两个外语学院的学生"这个词组，其层次构造可以是"两个 / 外语学院的学生"，也可以是"两个外语学院的 / 学生"。按前者来理解，词组的意思是"两个来自外语学院的学生"；按后者来理解，词组的意思是"来自两所外语学院的学生"。下面英语句子的歧义也是这一原因产生的，"He is an associate editor and professor." 这一句可以指"他是位副主编、副教授"，也可以指"他是位副主编、教授"。

第四，语法关系造成的歧义。例如，"炒鸡蛋"一词就可以有两种不同的语法关系。第一种，作动宾关系的时候，意思是"以炒为烹制方式对鸡蛋进行加工"；第二种，作偏正关系的时候，意思是"以炒为烹制方式做出的供食用的鸡蛋"。

（三）歧义的破解

1. 语音制约

语音制约歧义主要体现在以下四个方面。

轻声。例如，"我想起来了"这个句子中的"起来"，如果读原调（qilai），句子的意思是"我想起床了"；如果读轻声（qilai），句子的意思是"我想到了"。

重音。例如，"除了肖华，他最怕严教授"，如果重音落在"他"上，说明"肖华"和"他"都怕严教授；如果重音落在"严教授"上，说明"他"怕"肖华"和"严教授"。

声调。例如，"他背着儿子常常去老赵家下围棋"中的"背"。如果读去声（bei），其意思是"隐瞒"；如果读阴平（bei），其意思是"用背的方式"。

停顿。例如，"我讲不好"这个句子，如果在"我"和"讲不好"之间有所停顿，句子的意思是"我可能讲不好"；如果在"我讲"和"不好"之间有所停顿，句子的意思是"由我来讲，这不好"。

2. 语义制约

给句子营造相应的语义，使得句子中的语义相互制约，从而排除歧义。例如，"她借我 10 元钱"有歧义，但如果说成"她（向）我借 10 元钱"，或"她借（给）我 10 元钱"便不再有歧义。又如，"他乘机走了"有歧义，但如果说成"他乘机（从后门）走了"，或"他乘机（飞）走了"，便不再有歧义了。

3. 语境制约

有时候，一个句子单独罗列出来，可能会有歧义，但是，当其位于一个特定的语言环境中的时候，人们很容易就能明白其含义，而不会产生歧义。例如，听到"今天我来上课"这句话，有可能指的是一个学生来上课，也有可能是指一位教师来给学生们上课。当我们赋予其特定的语言环境，例如，"一个教师走上讲台说：'今天我来上课。'"，那自然就不会有歧义。

4. 语法制约

某些词语可能具有特定的语法功能，受这种条件的制约，就很容易排除歧义。例如，"没有报名的"这个词组可以有两种理解，即"没有 / 报名的"和"没有报名 / 的"。但如果在前面加上"有没有"构成"（有没有）没有报名的"，则由于"有"要求名词宾语，从而排除前一种可能，只能做后一种理解。又如"关心职工的领导"可以理解为"关心 / 职工的领导"，也可以理解为"关心职工的 / 领导"。但如果有"一位"的修饰构成"（一位）关心职工的领导"，由于数量词组只修饰名词，因此排除了前一种可能，只能理解为后者。

5. 上下文制约

由于上下文的存在，排除了蕴含或预设的另外的可能性，从而也就排除了歧义。例如，电视连续剧《密探》中有一个句子："（她是）我表弟的崇拜者。"在没有上下文的情况下，这个句子的意思可以是"她崇拜我表弟"，但也可以理解为"我表弟崇拜她"。那么我们来看一下其具体的语境："潘非：'她是谁？'孟梅：'我表弟的崇拜者。'潘非：'干什么的？'孟梅：'电影明星，架子很大，我表弟在她面前总是诚惶诚恐的。'"通过这段对话，我们就能很明显地看出来，这句话的意思其实是"我表弟崇拜她"。这就不会产生歧义了，这就是上下文制约的作用。语义歧义是语义学研究中的一个重点内容，因为很多情况都会导致歧义现象的产生，进而误导读者对语义的理解。这种现象不仅会影响到语言的表达，也会是语言学发展道路上的一个障碍，所以它将会成为语言学研究的一个重要部分。

第四章　宏观视角下的英语语言学

第一节　社会语言学

一、社会与语言的关系

（一）第一阶段

20 世纪 30 年代以来，语言学家们一直将语言学作为一门独立的科学来进行研究。其中，语言学的一元性和自治性是语言学家们重点研究的两个部分。可以说，语言学家在当时主要研究的就是这两个部分。

受这一观点的影响，在当时很长的一段时间里，语言学家对于语言学研究过程中的结构分析，几乎都脱离了具体的社会背景和语言使用语境。

（二）第二阶段

到了这一阶段，随着社会语言学的产生，逐渐形成了对乔姆斯基理论语言学的反叛，提出了语言学研究的二次性观点，这使得人们开始逐渐重视对语言与社会关系的研究。时至今日，社会语言学经过几十年的发展之后已经日趋成熟。

人们既可以通过语言来了解丰富多彩的社会生活，也可以通过社会对语言的各个方面进行最真实的感受。随着社会语言学的出现，许多专家学者开始着手研究语言与社会之间的关系，在经过几十年的研究之后，取得了可观的成果。

语言学研究的核心问题就是社会、语言以及说话人之间的内在联系。所以，通常要将某些语言现象置于社会的大语境之后，再对其进行解释。将社会因素、语言及语言的运用这三者有机结合，是社会语言学研究的主要方向，这也恰恰为语言学家的研究提供了一个全新的思路。

二、社会语言学的概念

"社会语言学"这一学科的名称是由"社会学"和"语言学"组合在一起所形成的一个复合词。经过长期的分析与研究，学者总结出了社会语言学的基本内容，主要归纳为以下两个方面：①从语言的社会属性出发，通过社会学的方法来研究语言，从社会的角度对语言的变体和演变进行解释，被称为社会语言学（sociolinguistics）。②从语言变体和演变的事实层面出发，对相关社会现象以及这些社会现象的发展和演变过程进行解释，被称为语言社会学（sociology of language）。

综上所述，我们可以清楚地了解到，从社会的角度来研究语言，就是社会语言学；从语言的角度来研究社会，统称为语言社会学。

第二节　认知语言学

认知语言学（Cognitive Linguistics）是认知科学的一个重要分支，也是认知心理学与语言学相互渗透而形成的边缘学科，是从崭新的视角揭示语言的本质，探索语言和认知的关系。

一、认知

"认知"一词的英文表述是 cognition，该词源自拉丁语 cognitio，指的是人类学习或获得知识的过程。关于认知的定义，一直未形成统一的认识，可谓众说纷纭。

《辞海》（1989，1999）中对认知的解释是，认知就是认识，指人类认识客观事物、获得知识的活动，包括知觉、记忆、学习、言语、思维等问题解决的过程。

《现代汉语词典（第 5 版）》对认知下的定义为：认知是通过思维活动认识、了解。

美国心理学家休斯敦（T. P. Houston）总结了认知心理学关于认知定义的五种认识：①认知是信息加工；②认知是心理上的符号运算；③认知是解决问题；④认知是思维；⑤认知是包含感知觉、记忆、想象、概念形成、范畴化、判断、推理、思维及语言运用在内的一组能动的活动。这一定义从广义和狭义上对认知进行了解释，但无论是广义的解释还是狭义的解释，都将思维看作认知的核心，认为思维是信息加工过程中最高阶的阶段。

奥舍逊（O'sherson）指出："人类智能的运用叫'认知'（the exercise ofhuman intelligence），包括各种各样的互动，如在电话中识别出朋友的声音、读小说、在小溪的石头上跳跃、向同学解释一个想法、记住回家的路、选择职业等。对于我们每一个活动、我们所做的一切，认知加工是必不可少的。"

奥舍逊的观点得到了莱考夫和约翰逊的认可。莱考夫和约翰逊也从认知的广义性出发，认为认知包括心智运作、心智结构、意义、推理、语言等。

通过上述定义可以看出，语言与认知紧密相连，语言既是一种认知活动，也是认知的组成部分，语言理解和运用的过程就是认知处理的过程。认知活动具有内隐性，难以感知和观察，对此语言就成了观察和研究认知的重要切入点，而"现实—认知—语言"也就成了认知语言学的核心原则。

二、认知语言学

关于认知语言学（Cognitive Linguistics）的定义，《牛津语言学词典》（*Oxford Dictionary of Linguistics*，1997）给出的解释是：Movement in linguistics, nascent from the late 1980s, emphasizing the continuityof language with the workings of the mind in general and seeking toground a theory of language in accounts of cognition.Thus opposede specially to structuralist schools, including that of Chomsky, which stress theautonomy of linguistics.Leading proponents include R.W.Langacker andG.Lakoff, both advocates, in their early career of "Generative Semantics".

这一定义强调人脑运用语言的连续性，并建构了认知语言学的理论体系，能够使人们感受到认知语言学是一门独立的语言学学科。

认知语言学认为语言是一种认知活动，并从认知的角度出发来研究语言的形式、意义和规律等。认知语言学认为语言并不能直接反映客观世界，语言在反映客观世界时需要借助认知这一思维活动。

三、认知语言学的理论基础

在认知语言学中，范畴化、转喻与隐喻、意象图式等是其研究的中心话题。本节将对认知语言学的这些核心理论进行分析和探讨。

（一）范畴化

早在古希腊时期，哲学家亚里士多德就有涉及对范畴的论述，他在《形而上学》一书中指出，"人"具有两个基本特征，即"两足"（TWO-FOOTED）和"动物"（ANIMAL），这是"人"范畴成员必备的两个特征，如果缺少其中任何一个特征，都不能归为"人"的范畴，而同时具备了两个特征，就可以归入"人"的范畴。这一论述对经典范畴理论的发展起到了重要的推动作用。

到 20 世纪中后期，人类学家与心理学家开始对范畴进行更进一步的研究，他们的研究使得人们的范畴观产生了巨大变化。罗施的范畴研究对基本层次范畴理论的建立提供了重要依据，他还将范畴划分为横向与纵向两个维度，其中原型理论属于横向维度，基本层次范畴属于纵向维度。

纵向关系是指范畴内各成员之间是垂直关系，或称上下级关系。纵向层次中，以基本层次为中心，上移则是上位范畴，下移则是下位范畴。

（二）转喻与隐喻

在认知语言学中，转喻与隐喻是人类重要的认知手段，涉及的是思维层面的问题。以下就对转喻与隐喻进行说明。

1. 转喻

metonymy（转喻）最初被看作一种修辞手法，相当于汉语中的借代。转喻的认知本质随着认知语言学的发展被人们发现，实际上转喻不只是一种修辞工具，更是一种认知机制。转喻具有两种表征形式，即部分与部分之间的转喻和整体和部分之间的转喻。

2. 隐喻

隐喻是指用一个概念来识解另一个概念，其涉及两个概念之间的对比。认知语言学家通常将隐喻分为方位隐喻、结构隐喻和实体隐喻三种类别。

（三）意象图式

1. 意象图式的定义

关于意象图式，约翰逊（1987）指出，意象图式是通过感知的相互作用和运动程序获得的对事物经验给以连贯和结构的循环出现的动态模式。

欧克利（Oakley，2007）认为，意象图式是为了把空间结构映射到概念结构而对感性经验进行的压缩性的再描写。

2. 意象图式的内容

意象图式包含以下几个方面。

（1）路径图式

路径图式涉及从一点到另一点的生理或隐喻移动，其组成部分包括起点、终点和系列中间各点。

（2）标量图式

标量图式涉及生理或隐喻数量的增加与减少，如物理数量，数量系统的属性。

（3）垂直图式

垂直图式涉及"上"和"下"关系，如爬楼梯、直立、看旗杆等。

（4）连接图式

连接图式由两个或两个以上由生理或隐喻连接起来的实体组成，如孩子牵着爷爷的手等。

（5）中心—边缘图式

中心—边缘图式涉及生理的和隐喻的中心与边缘，从中心到边缘的距离范围，如个人的知觉范围、个人的社会范围等。

（6）部分—整体图式

部分—整体图式涉及生理或隐喻整体与部分的关系，如家庭成员、整体与部分、印度种姓等级等。

第三节　应用语言学

一、应用语言学的定义

20 世纪 40 年代，"应用语言学"这一门学科开始建立。应用语言学是一门新兴的、独立的、跨学科的学科。它主要是对第一语言进行研究，但它更注重与其他学科的结合，并将语言学研究的结果应用于其他领域，以更好地分析和解决问题。从历史的角度来看，应用语言学最初是语言学理论和观点在语言教学中的应用。要想对应用语言学有一个更好的理解，那么就必须先理解语言和语言学的本质、语言学习和语言教学。一般可以将应用语言学的定义划分成狭义和广义两个层面。从狭义层面上讲，应用语言学一般指的是语言教学，尤其是第二语言教学或外语教学。从广义层面上讲，应用语言学意味着人们在其他学科对语言知识进行应用，以更好地解决其他学科中与语言相关的特定问题。

二、狭义的应用语言学

（一）第一语言的习得

第一语言习得（first language acquisition），通常指的是婴儿和儿童在成长过程中自然而然地掌握母语的过程。这一过程是人类语言能力发展的关键阶段，涉及语音、语法、语义和语用等多个层面的学习。儿童沉浸在母语环境中，有意识或无意识地模仿语言的使用模式和使用规律，能够在较短的时间内习得复杂的语言系统，展现出惊人的语言学习能力。

第一语言习得的研究旨在理解语言习得的自然机制，包括儿童如何通过与周围环境的互动逐渐掌握语言规则，以及他们如何发展出理解和使用语言的能力。第一语言习得的研究不仅对理解人类语言能力的发展至关重要，也为教育、心理学、神经科学以及人工智能等领域提供了宝贵的参考。

（二）第二语言习得

第二语言习得（second language acquisition）是指母语习得之后的其他语言学习。作为应用语言学的一个重要分支，研究第二语言习得是人类学习第二语言的必要过程，主要目的是培养学习者的语言能力和交流能力，并对其做出科学合理的描述与解释，详细描写其特点和发展以及在学习第二语言时所具备的相同点和不同点，并且探索影响第二语言习得的内部因素和外部因素。

第二语言习得的范围可以包括第二语言和外语课堂、自然环境中的学习，或者第二语言、第三语言、第四语言的学习。人们在获得第一语言以后，一般是在学校教师的指导下，按一定的教学计划进行其他语言的正规学习。

（三）外语教学

1. 外语教学的历史

外语教学的历史可追溯至古罗马时期的希腊语教学与中世纪欧洲各国的拉丁语教学，当时以讲授语法和修辞训练为主。文艺复兴时期，以夸美纽斯为代表的人文主义教育家既强调学习希腊语、拉丁语，为复兴古代文化做准备，也主张在学校开设现代语言课程，以更好地适应民族交往的需要。

此后，西欧将外语教学区分为古典语言与现代语言教学，前者指古希腊语与拉丁语，后者指西欧一些主要的民族语言，如英语、德语等。17、18 世纪，西欧的外语教学主要是古典语言；19 世纪后现代语言教学逐渐取而代之。20 世纪以来，尤其是第二次世界大战以后，教学范围逐渐向东欧、北欧、亚洲、非洲的主要民族语言扩大。

中国于明代开始进行外语教学，当时明政府与周边国家进行贸易往来，需要大量的翻译人员。为了培养翻译人才，1407 年政府专门设置了四夷馆，专修印度、缅甸等国语言。四夷馆是我国历史上官方设立的最早为培养翻译人才的专门机构，主要负责翻译朝贡国家的往来文书，并教习周边国家的语言文字。1757 年，清政府在北京设俄罗斯文馆。1862年，教授俄文，改建为京师同文馆，先设英文馆，后陆续增设法文馆、俄文馆、德文馆、日文馆。该馆为培养翻译人员的"洋务学堂"，招生对象开始为 14 岁以下的八旗子弟。1862 年 6 月仅 10 人入学，以后扩大招收年龄较大的八旗子弟和汉族学生，以及 30 岁以下的秀才、举人、进士，入学学生逐年增多。学习期限初定 3 年毕业，1876 以后改为 5 年毕业。除汉文外其他课程多由外国人担任教习。1903 年后，中学开始开设外语课。中国外语教学主要教授现代语言，语种的选择常受社会需要和教育制度的模式所影响。清末的中学课程借鉴德、日，外语科目先以日语或英语为主，后又以德语或英语为主。辛亥革命后，课程设置效法英、美，以英语为主。中华人民共和国成立后，先以俄语为主，后又转为以英语为主。1960 年，北京外国语学院英语系招收 150 名新生，还从留苏预备部转入 160 名学生。

1880 年以前，欧洲以拉丁语的教学为主，采用翻译法。1880 年，外语教学改革运动兴起。英国的斯维特、德国的维叶托、丹麦的叶斯泊森、法国的戈安都认为传统的古典语言教学法难以适应现代语言教学的需要，要求改革，于是出现了直接教学法。

一战以后，国际交往日趋频繁，促进了现代语言的教学，使用直接教学法教授外语的伯利兹学校在欧美各国随处可见。

二战期间和后期，政治、经济、军事、文化以及旅游业的迅猛发展，促进了外语教学在理论和实践方面的研究。美国政府曾在战时开办军队外语训练班，采用以"刺激－反应"理论为基础的教学手段，开辟了外语教学的新途径。

2. 外语教学概述

教师的语言水平和教学水平在很大程度上决定了外语教学的效果。在外语教学中，教师应该以学生为中心，努力成为外语学习的促进者、学习进度的控制者、学习效果的观察者等。

在外语教学中，制定教学大纲和编写教材是一个非常重要的环节。外语教学大纲包括传统大纲、结构大纲、功能意念大纲等。此外，英语专业教学大纲应包括结构、功能、社会文化和实际应用四个方面。课程设置应该包括语言技能（阅读、听力、口语、写作、翻译）、语言知识（语言学、语法学、词汇学、文体学、修辞学等）、文化知识（英美概况、英美文学、西方文化、科技知识等）和相关知识（国际关系、新闻、媒体、外贸、旅游教学法等）。

教学是教师引领、维持、促进学生学习的所有行为方式。外语教学是一门科学，首先要解决教什么和怎么教的问题。教学论主要包括教学要素、教学规律、教学内容、教学原则、教学组织与管理、教学评价等。

每种语言都有一套属于自己的语音、词汇、语法体系，所以学生有必要掌握这些方面的知识。掌握这些知识是远远不够的，重要的是培养学生外语应用的听、说、读、写能力，从而能够在日常的生活和工作中利用外语实现良好的沟通。

3. 外语教学流派

从中世纪开始，欧洲人教授希腊语、拉丁语等语言的目的是进行书面翻译和阅读，采用语法翻译法。到了 18 世纪，尽管欧洲的学校开设了现代外语课程，然而却仍使用语法翻译法，当时，语言学主要还是研究书面语。德国语言学家奥朗多弗等总结了过去运用语法翻译法的实践经验，从理论上解释了语法翻译法，使其成为一种真正意义上的、科学的外语教学法体系。语法翻译法服务于学生阅读能力的培养，一是分析语法，二是将外语译成本族语，主张机械对比两种语言和逐词逐句直译。在教学实践中，翻译不仅是一种教学目的，而且也是一种教学手段。语法翻译法注重培养阅读和翻译能力以及传授语法知识，然而却常常忽视培养人们的语言技能，使语音、词汇、语法与课文阅读教学相脱节。

19 世纪末，英语教师意识到语法翻译法存在许多问题，所以英语教学改革运动拉开了帷幕。1887 年，国际语音协会（The International Phonetic Association）公布的英语教学原则可以说是英语教学改革的宣言书。

三、广义的应用语言学

广义的应用语言学关注如何通过应用语言学的理论、方法、成果来阐释其他应用领域所遇到的关于语言的问题。这种观点认为应用语言学应该具有开放的范围，包括语言应用的各个方面。

在卡普兰看来，应用语言学要解决多种多样的语言问题，这些问题唯一的共同点就是他们都与语言有关，这就需要采用各种各样的方法来解决这些不同的问题。

冯志伟强调，应用语言学是研究语言在各个领域中实际应用的学科，是语言学的一个分支，并提出了应用语言学研究的三大支柱，即语言教学、语言归化和语言信息处理。

第四节　文化语言学

一、什么是文化语言学

（一）文化语言学的界定

文化语言学属于一门边缘学科，其主要探讨的是语言与文化的关系。实践证明，在构成民族文化的各种要素中，最能体现民族特征与民族本色的是民族语言。一个民族的神话、宗教和艺术，能随着文化的交流、传播而跨越民族的界限；政治、法律与文学也能通过借鉴、利用而蒙上跨民族的色彩。严格来说，民族概念的界定一般不能没有语言的因素。正是由于语言与民族的这种紧密的联系，民族精神的所有因子无不像血液那样渗透至民族语言的各个方面。我们也就能通过对民族语言的分析来认识民族精神的特征。语言不是一个静态的结构系统，而是一系列动态行为的抽象结果。当语言呈现为动态时，就有了言语与言语行为，言语既然是心灵的体现，就与言语使用者有着紧密的关系。不同民族因为文化历史的不同，所具有的民族文化心理也不同。文化语言学的研究一般涉及语言与思维、语言与哲学、语言与政治、语言与神话、语言与文学、语言与民族等范畴。

文化语言学揭示的是语言的文化本质，将语言当作文化模式与文化符号进行研究。文化语言学着眼于与文化体制相关的语言现象，而非此语言所属的文化制度。它必然要涉及文化问题的不同领域，但是将这些文化领域当作语言活动的背景、场景、情景，且不是具体描述这些文化领域本身的特点。它也要探讨语言与文化之间的共现共变关系，但其目的是从语言的形式、结构与意义等方面入手发掘其中的民族文化内涵，从文化变迁方面寻求语言变化的动因，而不是以语言的变化印证文化变迁的踪迹。文化语言学也可以凭借一些语言材料说明某方面的文化发展脉络，但仍要以获得对语言的文化功能的理解与认识为目的。文化语言学不是文化学而是语言学。

（二）文化语言学与相关学科的关系

1. 与社会语言学的关系

对于文化语言学与社会语言学的关系，一些学者纷纷给出了自己的看法，下面列举两位学者对这种关系的理解。

游汝杰将文化语言学与社会语言学的区别总结如下。

其一，文化语言学就是从文化背景角度出发解释某一种语言或方言及其使用特点。社会语言学就是研究语言使用的规则，即人们在社会交际中是如何使用语言的。

其二，从理论上说，文化语言学主要研究语言的现象。在历史上，语言或方言的各种变化都能在文化史中找到解释。社会语言学主要对当代的语言现象加以研究。

其三，文化语言学尝试将语言学与其他人文科学结合起来，一方面从文化学角度研究语言，另一方面会用语言学知识帮助解决邻近学科的有关问题。社会语言学没有尝试用语言学知识研究其他人文科学，也没有尝试用多种人文科学帮助解决语言学问题。

苏新春将文化语言学与社会语言学的关系总结为，他们都强调语言与人、与社会的密切关系，都关注语言与人和社会的互动关系。虽然文化语言学与社会语言学有着密切关系，但是他们的侧重点和研究趋向不同。

2. 与人类语言学的关系

虽然人是文化语言学与人类语言学共同关注的焦点，但二者也存在一些差异。苏新春指出，文化语言学与人类语言学的差异体现在：人类语言学的研究开始于美洲土著印第安人，具有明显的人类学痕迹，是人类学的分支学科，所以其以活的语言为对象，以了解语言的现状为目的，以实地考察为主要方法，从而形成了人类语言学的基本特征。文化语言学除了研究活的语言外，也关注语言的历史和书面形态；除了了解语言的现状之外，还希望了解语言现状后面的原因；除了实地考察的方法之外，还采用很多其他方法，如认同法和参照法等。

二、英语文化教学的实践与探索

（一）显性文化教学法

显性文化教学法是一种相对独立于语言教学的、较为直接系统的、以知识为重心的文化教学方法。在培养学生的跨文化意识时，运用这种方法将会取得较好的效果。因为对我国的学生来说，学习英语主要是在汉语环境中进行的，所以比起让学生在课堂学习的过程中自然地获取异文化的知识，显性文化教学法更加省时、高效。显性文化教学法会直接明确地介绍外国文化，利于减轻学生因为对异文化不熟悉而产生的困惑，这种方式也是培养跨文化交际能力的基础。对于文化教学中那些相对独立于语言教学的自成体系的文化知识材料，运用这种方法可以供学生随时自学。

运用显性文化教学法一般可以采用两种模式：一种是在语言课程之外开设专门的文化课程，如"英美概况""英美文化""跨文化交际"等，向学生直接、系统地教授英语国家的历史、地理、制度、教育、生活方式、交际习俗与礼仪等有形的文化知识；另一种是在语言课程中导入与"语言点"相对的"文化点"，这种文化导入通常是结合阅读课文或听力对话等语言知识的学习，与第一种模式相比它更缺乏系统性。

（二）隐性文化教学法

随着教学思路与方法的不断变革，英语教学与英语文化教学也逐渐开始融合。这样，英语文化教学不用单一地讲授文化知识，而是可以在真实的交际情境中自然地习得文化，是一种"通过实践来学习"的方式。这种融入语言学习之中的、较为间接的、相对分散的、以行为为重心的文化教学法就是隐性文化教学法。

隐性文化教学法特别强调语言教学与文化教学真正地有机结合，提倡

"通过实践来学习"，以填补如何教授外国文化的隐形内涵这一空白，特别是隐含在语言使用中的文化知识和话语规则。此外，隐性文化教学法还很注重学生的个体需求，常常根据学生的实际情况进行有针对性的教学。

（三）文化对比法

要想培养学生的文化意识，培养跨文化交际能力，首先需要有扎实的语言基础。不仅如此，学生还应在掌握英汉语言知识的基础上，理解语言深层的文化差异内涵。这里主要从词汇和句子两个层面介绍英汉语言文化差异，供学生参考。

1.词汇文化对比

词汇是语言的重要组成部分，也是语言的基本材料，没有语言就无法表达思想。不同词汇中往往蕴含着不同的、丰富的文化内涵，学生对此要多加学习。

（1）词汇的象征意义

很多英汉词汇在象征意义上有较大差异，这在数字词、色彩词、动物词、植物词等体现得尤为明显。换句话说，在不同语言中，同一概念可能被赋予了不同的象征意义。例如，英语的 red 与汉语的"红"虽然都象征喜庆、热烈，但英语中的 red 还可以象征脾气暴躁，如 see red，这一层意思汉语中是不存在的。

（2）词汇的联想意义

英汉语言中均有很多比喻性词汇，如成语、典故、颜色词、植物词等。这些词生动、形象，且具有鲜明的联想意义，被赋予了特定的民族文化特色。尽管有不少英汉词汇的本体可以相互对应，但是也有一些词汇在另一种语言中具有不同的联想意义，或缺少相对应的联想意义。例如下面的例子。

Beard the lion in his den. 虎口拔牙。

Black sheep. 害群之马。

As timid as a rabbit. 胆小如鼠。

（3）词汇的情感意义

在英汉语言中，有一些词汇虽然字面意义相同，但是有着不同的情感意义，也就是说，词的褒贬含义不同。例如，英语 peasant 一词从历史上来看具有明显的贬义色彩，指的是社会地位低、缺乏教养等一类人。与汉语的"农民"一词虽然字面意义相同，但情感意义不同。因为汉语中的"农民"指从事农业生产的劳动者，被视为最美的人，具有明显的褒义色彩，所以，汉语中的"农民"一词译为英语中更为中性的 farmer 更合适。

2. 句子文化差异

（1）英汉句子重心差异

英汉句子重心的差异也很大。通常，英语句子重心在前，而汉语句子重心在后。简单地说，英语句子会将重要信息、主要部分置于主句之中，位于句首；而汉语句子一般把重要信息、主要部分置于句尾，而次要信息、次要部分置于句首。

（2）英汉语序差异

通常，英语民族的思维模式为：动作的主体—主体动作—动作的客体—动作的标志，所以体现在语言上就是：主语＋谓语＋宾语＋状语。而汉语民族的思维模式为：动作的主体—动作的标志—主体动作—动作的客体，所以体现在语言上就是：主语＋状语＋谓语＋宾语。可见，中西思维方式对中西语序产生了重要影响，尤其体现在修饰成分的位置上。

如下所示。

Mary went to Shanghai from Guangzhou by train.

思维模式为：动作的主体——Mary；主体动作——went to；动作的客体——Shanghai；动作的标志——from Guangzhou by train。

而表达相同的含义，汉语的句子为：玛丽从广州坐火车去了上海。

思维模式为：动作的主体——玛丽；动作的标志——从广州坐火车；主体动作：去了；动作的客体：上海。

3. 篇章模式差异

对于篇章模式的差异，这里重点介绍衔接手段的差异。

（1）照应

所谓照应，是指当无法对语篇中的某一个确定词语进行解释时，可以从这一个单词所指的对象中找到答案，这就意味着该语篇形成了一种照应形式。本质上说，照应表达的是一种语义关系。

在汉语语篇中，照应关系也随处可见。汉语中不存在关系代词，但英语中有大量关系代词，特别是人称代词。汉语语篇通常会使用人称代词表达英语语篇中形成的照应关系。

在英汉语篇中，照应关系的类型基本相同，只是二者使用这一形式的频率有一定的差异。英语照应中使用人称代词的频率要比汉语的高，这与英语行文通常要求避免重复，而汉语则多用实称有很大的关系。

（2）替代

所谓替代，是指将上文中所提到的内容使用其他形式进行代替，这是语篇衔接过程中经常采用的一种手段。在英语段落中，人们常用词汇传达两个句子之间所形成的呼应关系。在英语语言中，替代的形式有很多，常见的类型有名词性替代、动词性替代和分句性替代。

在汉语语言中，人们较少用替代形式，所以典型的替代形式比较少见。通常，汉语中人们习惯对某一个词或某一些词进行重复，通过重复来实现句子与句子之间的连贯。另外，汉语中还经常使用"的"结构实现连接。

（3）连接

英汉语篇通常用连接词、副词、词组等实现语篇的连贯。连接不但利于读者通过上下文来预测语义，而且能更快速，更准确地理解句子之间的语义联系。英汉语篇在连接方面的差异体现在如下两点。

其一，英语连接词有着显性特点，而汉语连接词有隐性的特点。

其二，英语的平行结构主要用连接词连接，而汉语中的衔接关系主要采用对偶、排比等来实现。

（4）省略

所谓省略，是指将句子、段落、文章中一些可有可无的成分省略。在英语语篇中，人们常通过省略实现语言凝练、简洁。众所周知，英语语法的结构非常严谨，不论从形态还是形式上，运用省略都不会引起歧义，所以英语中经常使用省略的手段，而汉语语篇中使用省略的情况没有英语中的多。

英汉语篇在省略的成分上也有一定差异：英语语篇中不省略主语，汉语语篇除了不能省略第一次出现的主语之外，后面出现的均可省略。

第五章　文化视角下的英语语言学

第一节　文化

一、文化的含义

文化（culture）一词来源于西方，源自拉丁语的 cultura，含有"神明""崇拜""耕种""练习""动植物培育"及"精神修养"等意思，这表明文化实际上是以人为中心的生产实践和社会实践的成果。18世纪以后，文化在西方语言中演化成个人的素养、整个社会的知识、思想方面的成就、艺术和学术作品的汇集，并被引申为一定时代、一定地区的全部社会生活内容。随着19世纪下半叶人类学、文化学、社会学等学科的兴起，文化问题才得到学者的关注，并得到广泛的研究，在此之前是文化的"前科学"状态。

最早对文化给出定义的学者是英国人类学家泰勒，他在《原始文化》一书（1871年首次出版）中指出："文化，或文明，就其广泛的民族学意义来说，是包括全部的知识、信仰、艺术、道德、法律、风俗及作为社会成员的人所掌握和接受的任何其他的才能和习惯的复合体。"之后人们相继对文化下的定义林林总总达数百种。

二、文化的种类

对于文化的种类，不同学者有不同的看法。有的学者将所有的文化归为两类：一类是大文化；另一类是小文化。大文化指人类文明的各个方面，包括文学、艺术、音乐、建筑、哲学、科学技术成就等；小文化包括人们的风俗习惯、生活方式、行为准则、社会组织、相互关系等，即把文化看作一系列特征。

胡文仲和高一虹把文化分为三层："第一个层次是物质文化，它是经过人的主观意志加工改造过的。第二个层次是制度文化，主要包括政治及经济制度、法律、文艺作品、人际关系、习惯行为等。第三个层次是心理层次，或称观念文化，包括人的价值观念、思维方式、审美情趣、道德情操、宗教感情和民族心理等。"赵爱国和菱雅明则将文化分为物质文化、关系文化和精神文化，其中关系文化是指人们在文化的创造、占有或享受过程中所结成的各种社会关系，如生产关系、经济关系、民族关系、国际关系等，其核心是人和人的关系，也包括为维护这些关系而建立的各种组织形式和与之相适应的各种制度，如生活制度、社会制度、家庭制度等。

还有的学者则将文化分为四类。马林诺夫斯基在《文化论》中把文化划分为物质文化、精神文化、语言和社会组织等四种类型。司马云杰在《文化社会学》中根据人类与自然的关系和人类与社会的关系把文化分为两大类、四小类：第一类文化指人类在认识、改造、适应和控制自然界的过程中所取得的成果，包括智能文化和物质文化；第二类文化指认识、改造、适应、控制社会环境所取得的成果，包括规范文化和精神文化。刘守华在《文化学通论》中将文化分为物质文化、制度文化、行为文化和精神文化。物质文化包括人类加工自然创制的各种器具，是可触知的具有物质实体的文化事物，即人们的物质生产活动方式和产品的总和，是构成整个文化的基础；制度文化是由人类在社会实践中组建的各种行为规范、准则及各种组织形式所构成的；行为文化主要由人类在社会实践中尤其是在人际交往中以约定俗成的方式构成的行为规范——风俗习惯来体现；精神文化是由人类在社会实践和意识活动中长期育化出来的价值观念、思维方式、道德情操、审美趣味、宗教感情、民族性格等因素所构成的，是文化的整体的核心部分。

综观以上各位学者对文化的理解，文化至少包含物质文化和精神文化，物质文化位于最表层，精神文化则渗透到人的思想、行为的深层。"简而言之，文化是指一个民族的全部生活方式，它不仅包括城市、组织、学校等物质的东西，也包括家庭模式、语言等非物质的东西。"文化是"人们所思、所言（言语和非言语）、所为、所觉的总和"。

第二节　文化与概念范畴

一、文化的共性

人类共同居住于同一个世界，这个世界拥有相同的春华秋实、草长莺飞、阴晴冷暖、日夜消长，不同文化的人们都经历过或正在经历生老病死、喜怒哀乐、悲欢离合、爱恨离愁。不同的文化存在相当程度上的共性特征，这些特征不取决于地理位置、社会形态、自然环境，而属于整个人类，这就为不同文化的个体理解彼此提供了可能。

尽管全世界的人类分为不同的种族、民族，但他们都具有相同的人体结构，这就为文化的共性特征提供了共同的生理基础。这种相似的生理特征决定了人类都以维持自身的生存和繁衍为最终目标，而且在具有类似情绪或心理状态时具有相似的表现方式：碰到喜事时会笑，碰到不如意的事情时面部表情会严肃；当与说话人关系亲密时距离较近，关系疏远时距离较远，等等。

全世界的文化都经历了由低级到高级、由蒙昧到文明的过程，在此过程中，人类社会的道德约束、规范机制起到了关键性的作用，这为文化共性特征的形成提供了历史基础。全人类都处于各自的社会规约中，都认为符合全民道德准则的行为和现象就是真的、善的和美的，阻碍了社会发展的行为和现象是假的、恶的和丑的。而且在一定历史阶段出现过的观念会保留在许多文化当中，如对神明的崇拜、对不可抗力的畏惧等。

二、文化的个性

文化具有个性。"每一种文化都以原始的力量从它的土壤中勃兴起来，都在它的整个生命期中坚实地和土壤联系着；每一种文化都把自己的影像印在它的材料即它的人类身上；每一种文化各自有自己的观念，自己的情欲，自己的生活、愿望和感情，自己的死亡。"人们按照有利于自己生存的原则来改造世界，并进行文化创造。由于所处的自然环境和历史条件的不同，人们改造自然的具体方式是不尽相同的。人类对不同地理和生存环境的适应导致文化具有鲜明的地域特征和独特的历史积淀，从而产生了不同民族、不同地域、不同历史的文化特殊性，体现为文化的个性。一个民族具有这个民族所特有的思维方式、行为规范、处世原则、生活态度，具有特有的民族性格、心理特征、价值观念，具有独特的民族精神文化。文化的共性和个性是同时存在的，承认个性是实现不同民族交往的关键。文化间的相互交流和取长补短是当今世界的主题和今后的必然趋势，为此，必须在充分理解文化共性的基础上，深入挖掘各个民族文化的个性，并探索出跨文化交际过程中克服这些差异的途径。

三、文化的动态性

从历史的角度来看，一个民族的文化并非一成不变，文化的内容和形式始终处于不断的发展变化当中。不同时代物质生产水平不同，制度、风俗、艺术、心理、价值观念也各不相同。文化始于无意识，而后取得了很大的明确性和肯定性，之后又扩展到其他的行为。随着时代的发展，新的历史时期具有新的生产力水平，原有的文化就会被新的文化要素所取代。每一种文化都有它的自我表现的新的可能，从发生到成熟，再到衰老，永不复返。在文化发展的进程中，原有文化被新的元素代替的同时，还有一部分会被继承下来。原有文化对新文化的建立、发展起到了一定作用。一个社会团体的文化总是保持相对的稳定性，这种文化通过各种方式被人们世代传承下来。文化是一种历史现象，它是历史的积淀物。历史衍生及选择的传统观念，尤其是世界观、价值观等文化核心成分会深深镌刻在一辈辈人的意识深处，决定着他们的思维、行为方式、言语交际。例如，社会制度的变革会影响社会生活的方方面面，也自然会影响人们看待问题的方法，影响人们的价值取向，影响时代的文化，但有一些文化特质是不会随着政治变革发生改变的，是属于该民族文化的恒定部分。中国有着悠久的封建统治的历史，而今社会制度发生了根本改变，原有的"君君臣臣""父父子子""三纲五常"之类代表封建时期的文化自然失去了当时的地位和影响力，但中国人崇尚道德、礼仪和卑己尊人的传统文化却世代流传。

四、文化的符号性

文化的基本要素是符号，人类的文化世界是由符号构成的，符号承载着民族文化景观，成为文化的基础，更是人类文化传承、交流的基本手段。文化具有符号性（symbolism），文化领域的相关概念通过符号联系起来，而这种联系的基础是社会的共同约定。符号是社会化的意义载体，符号的这种功能是通过人们对不同地域、不同时段文化对象相似性的抽象归纳实现的。用于表征文化的符号具有物质性，能够通过感观被体验。符号代表的意义不仅是关于符号本身的，而且是关于文化过程和文化关系的。符号与符号之间有着某些共同的意义成分，并构筑了强大的文化意义网络。符号背后的文化意义存在于每一个文化参与者的脑海中，是社会化的人在生活实践中通过一系列认识活动获得的。之所以说符号具有社会性，是因为符号是具有社会参与意义的实体，每个符号与其他符号共有的文化意义是维护社会构成和通过约定俗成操作的符号网络的基础。文化的符号性在人类文化的产生和发展中始终起着重要作用，而文化的符号性概念在人类学和文化理论领域都占有至关重要的地位。

第三节　语言与价值观

一、语言态度

语言态度的形成是多种社会因素综合作用的结果。这些因素包括社会地位、文化背景、民族关系、经济发展、教育、人口数量、年龄、性别、职业、社团聚合性、文化程度、城乡差别及语言本身的发展程度等。

从社会地位看，不同民族在经济、文化发展上的不平衡造成社会地位的差别，从而影响语言态度。从文化背景看，特定的语言态度总是特定的文化认同心理的表征：一方面，语言使一个人具有了某种文化承诺；另一方面，文化又使一个人具有某种语言态度，从而鼓励他与某些人建立起联系，又阻碍他与另一些人建立联系。

从民族关系来看，民族和睦的地区对各种语言是互相尊重的态度，并在看待本地区各种语言的不同交际功能时也是较为客观和实际的态度。民族矛盾尖锐的地区各民族更强调语言的民族性，而且敌对的气氛事实上使民族间不易交往，人们感觉不到掌握对方语言对自己有何好处，但有时也有例外。

从经济发展的角度来看，一个民族同周围民族密切经济交往的需要决定着该民族对周围民族语言的态度。例如，卢森堡作为欧洲工商业最发达的枢纽之地的经济条件决定了它采纳德语和法语的态度。经济发展的需要甚至能改变一个民族对自己古老语言的信念。

从教育的角度来看，多语教育先行带来的实际利益往往决定着人们的语言态度，如欧洲的袖珍国安道尔以法国和西班牙为宗主国，从普通教育开始除学习本族语外还会学习法语和西班牙语。这种由教育带来的交际能力一方面使大批安道尔人方便地到国外工作；另一方面又推动了旅游业的兴起，并带动了一系列相关行业的发展。安道尔经济的迅速发展使这里的人们对法语和西班牙语持肯定的态度。

从人口数量看，人口居多的民族在语言使用上常占优势，人们对它的态度也往往是肯定的。例如，在云南省丽江市，纳西族人口占全市总人口的 56.7%，不仅许多少数民族掌握了纳西语，而且大多数汉族人也掌握了纳西语。

从年龄看，年轻人思想较开放，容易接受社会价值观念的变化及由此引起的语言态度的变化，从而"再社会化"；而老年人难以接受新的社会价值观念和语言态度。

从性别看，女性不易改变对自己母语的忠诚态度。她们在性格上较为保守，不像男子那样开化，不敢偏离传统的语言价值观念，而且她们与外界的社交也少于男性。据对四川省叙永县的调查，少数民族中老年人、女青年的交谈用本族语，而男青年的交谈一般用汉语。另外，女性对语言的态度比男性更敏感。中学里男生同女生交谈大多用本族语，而女生同男生交谈倾向于用汉语，以保持一定的距离，以免被其他民族的同学猜疑他们谈恋爱。

从职业的角度看，对职业交际用语一般都持肯定的态度。人们出于谋生的需要都会努力掌握这种语言。

从团体的聚合性看，民族聚居的地方，语言忠诚都比较强烈，使用本族语是一种严格的团体规范。民族杂居的地方，使用什么语言可视个人方便而言，不使用本族语不会受到来自团体的压力。

从文化程度看，文化水平较高的人比文化水平低的人有更广泛的交往需要。母语以外的更大范围的共同交际语能够满足这种需要，因而文化水平高的人对母语外的共同交际语持肯定的态度。

从城乡差异来看，乡村社会总是小型的、封闭的。家族关系维系着村民组织，统一的母语成为家族感情的纽带。城市社会汇聚了来自不同团体的成员，维系市民组织的不再是某地的家族关系，而是更高层次的社会关系。于是语言忠诚的观念也淡化了，一般更倾向于说城市的共同交际语。据对广西壮族自治区融水苗族自治县 360 名在县城的苗、壮、侗、水、瑶、仫佬族学生的调查，会说本地语的只有 22.2%，会听不会说的有 21.9%，只懂汉语的占 55.8%。

二、语言与文化

（一）不同学派的不同认识

不同语言学派对语言和文化间的关系存在不同认识，有的将语言与文化割裂开来，认为文化不是语言学家所应关注的内容，如结构语言学派、转换生成学派等。还有一些学派认为，文化因素是语言研究所必须考虑的问题，持这种观点的学派包括文化语言学派、认知语言学派、社会语言学派等。

1. 语言与文化割裂观

索绪尔（Saussure）提出语言符号是一种"两面的心理实体"，这两面分别是概念和影响形象（所指和能指）。语言符号的意义不是物质实体，而是一种关系结构。这种意义的二元观是以语言的静态、封闭的系统观为背景的，重视系统内各语言单位的对立关系，语言单位因彼此间的差别而获得价值。索绪尔强调语言符号的价值在于系统内部符号间的关系，忽视语言外的因素，认为历史的、文化的、个人的因素应统统被排除在语言研究之外。

乔姆斯基所代表的生成语言学派认为自然语言是一种天赋的（innate）、自治的（autonomous）形式系统。人的大脑中存在生成句子的装置，其核心部分包含了人类语言共同的普遍特征，它是由某些抽象规则构成的有限系统，这就是"普遍语法"（universal grammar）。语法的自足性和自主性决定了语法完全可以独立于语义之外，语法构造无须参照语言之外的诸多因素，如文化因素、认知因素等。

2. 语言与文化联系观

较早对语言和文化的密切关系做出专门研究并取得丰硕成果的是19世纪德国语言学家洪堡特，以及20世纪上半叶的美国语言学家萨丕尔和沃尔夫（"萨丕尔 – 沃尔夫假说"的建立者）。他们对语言和文化关系的认识对以后文化语言学、认知语言学、社会语言学产生了重要影响。

洪堡特从认识论的角度对语言世界观问题做了阐述，提出语言作为认知手段制约着人的认识活动。在对语言和文化的关系上，洪堡特强调了语言和民族文化的密切联系："民族的语言即民族的精神，民族的精神即民族的语言。二者的统一程度超过人们的任何想象。"语言揭示并影响了人们认识世界的途径和方式，语言代表了人的基本文化样式。

（二）语言与文化的联系

语言与文化有千丝万缕的联系，总结起来，主要有以下认识。

1. 部分观

罗常培曾指出，"语言不是孤立的，而是和多方面联系的。任何社会现象都不能和别的现象绝缘而孤立存在或发展"，同时，"语言学的研究不能抱残守缺地局限在语言本身的资料以内，必须扩大研究范围，让语言现象与其他社会现象和意识联系起来，才能格外发挥语言的功能，阐扬语言学的原理"。语言是人类文化不可分割的一部分，是人类后天习得的一种文化能力。语言作为民族文化的重要表现形式、建构手段和传承方式，具有其他文化形式不可比拟的重要地位和意义。同时，由于语言兼有精神文化的特点（表达抽象意义、传递抽象观念）和物质文化的特点（有物质形式，可以以文字的形式被看到，可以以声音的形式被听到），又像社会制度一样具有社会规约性和全民性，因此不可能将其归入这些文化中的任何一类。马林诺夫斯基就将语言独立于物质文化、精神文化和社会组织文化之外。语言与意识文化关系密切，没有语言就没有思维、没有意识。人们常把语言叫作思维的外壳和工具，足见它与意识文化的关系达到了何种密切的程度，因此，人们大多把它列为意识文化。语言本身不是观念性的东西，恰恰相反，它是由声音等组成的符号系统。同时，语言又总是以言语活动的形态存在，言语活动属于行为文化活动。语言是兼有意识文化、物质文化、行为文化三种品格而又不能简单归于某一种文化的特殊文化现象。

2. 载体观

语言国情学将语言的功能分为三种：①交际功能，强调语言是人类传递信息的手段，是最重要的交际工具；②文化载蓄功能，指文化具有反映、记录和储存文化信息的功能；③指向功能，指语言引导、影响和培养人的个性的功能。其中文化载蓄功能集中体现了语言作为民族文化的承载体和民族文化的镜像在文化形成、发展、传承和交流中的作用。

克拉姆什在《语言与文化》中指出语言具有三大文化功能，即"语言表达文化现实，语言体现文化现实，语言象征文化现实"。由于语言中存储着各民族人民的劳动和生活经验，人们对世间万物的观察和体悟、心中蕴含的丰富的情感，以及对大千世界的理性思考，因而语言是观察该民族文化的最佳途径。语言是人与周围群体在交流过程中产生的，有其特定的历史文化土壤，语言体系背后是该民族的文化体系，反映了独特的民族特质。

3. 互动观

语言是文化的符号，文化是语言的管道或轨道。不同民族的语言如同镜子或影集，反映和记录了不同民族特定的文化风貌；不同民族的特定文化犹如管道或轨道，对不同民族语言的发展，在某种程度、某个侧面、某一层次上起着制约的作用。语言与文化始终处于相互影响、相互制约的互动关系中。语言反映文化，文化在各个层次（词汇、语法、篇章等）均对语言产生影响，反过来语言对文化也有影响，语言是文化形成和发展的基础,不同语言的表达特点构成了具有民族特色的文化面貌。对文化的研究不可能脱离语言孤立进行,这是由于语言是文化最重要的表达手段。对语言的研究也不可能脱离文化孤立进行,原因是文化对语言的渗透是无处不在的:一方面,文化从各个方面影响和制约着语言的产生和发展,文化作为语言表达的内容,从根本上决定了语言作为一种文化符号的表达特点。另一方面,从文化的角度看语言,语言是文化的载体和编码符号系统,文化则是语言的深层构建机制。一个民族的精神文化制约着该民族语言的形成和发展,所以对一门语言的研究必须从新的高度加以认识,妄图脱离这种语言的产生和发展的历史背景、文化渊源、哲学精神的做法是不可取的。只有了解语言背后所蕴藏的该民族的文化精神、哲学思想,才能以全面的视角、科学的态度对待一种民族的语言,才能对语言现象做出符合其本质的阐释,也才能树立正确的语言观,找到科学的语言研究方法。

(三)语言与价值观

语言是文化的基本特征之一,是记录并传承一个族群、一个地区乃至世界独特文化的主要载体,有助于人们通过共享的行为模式、互动方式认知结构和理解方式来交流。我们应从以下三点出发,在开展保护活动的同时更好地体现语言的价值观:第一,保护和促进语言多样性对于可持续发展目标的实现至关重要;第二,保护和促进语言多样性需要国际社会各方面积极作为,切实有效地参与其中;第三,保护和促进语言多样性应当与科技发展相结合。这三点共识最终能否落实于保护语言多样性的实践之中,还取决于各个国家和社区的主流语言价值观是否健康协调。语言价值观是语言意识形态的重要表现形式之一。作为意识形态,语言价值观不但主导着国家和社区的社会语言生活,也规范着个人的语言行为。从这个意义上讲,语言价值观对语言多样性意义深远,决定语言多样性在一个国家或一个社区得以维护还是被侵蚀。语言价值观可谓千人千面,人各有其观,社区各有其道,但是归根到底,语言价值观都源自个人和社区的语言生活实践。语言价值观分为两大类,即语言物质价值观和语言精神价值观。语言价值观是语言意识形态中的一种。语言意识形态在语言生活中有多种表现形式，如人们关于语言的信念、语言的观点、语言的认识、语言的态度、语言的价值观等。

人们在日常生活中对某一种语言的某一判断或态度不一定代表他们的语言价值观，但是人们对某一种语言的一系列价值判断或态度则充分地体现了他们的语言价值观。语言价值观可以建立在物质基础上，也可以建立在精神基础上。前者称为语言物质价值观，后者则称为语言精神价值观。

第四节　语言相关性

一、语言相关性概述

萨丕尔和沃尔夫创立的语言相关性理论集中论述了语言和思维之间相互依赖的关系。根据这种理论，不同的语言不仅仅是描述同一现实的可替换性工具，更确切地说，讲不同语言的人也许还对世界有不同的看法。这种理论以最强烈的方式宣称，语言决定思想。我们只能按自己所用的概念来理解世界，那些概念是由我们的语言提供的，所以讲不同语言的人对世界的看法一定与我们不同：他们一定生存于不同的"认知天地"中。这种理论并不像人们广为公认的那样"没有价值"。它只是指出，语言上的差别易于造成人们在世界观上的差异。语言和思想之间的关系既不是直接的也不是绝对的。

沃尔夫大概是语言相关性理论最著名的代表人物，他最初的职业是火灾保险调查员，后来却成为极有才能和影响的业余语言学家。在调查火灾的过程中，人们对火灾原因所做的不同说明和解释给沃尔夫留下了深刻的印象。发现人们在使用语言上存在差别，促使沃尔夫去研究其他文化背景下的语言，如各种美国印第安人群体的语言。沃尔夫根据自己的研究逐渐得出了这样的结论：这些不同的文化群体不仅使用着不同的语言，而且还生存于不同的认知天地中。

在爱斯基摩语中,用许多不同的词来描述不同种类的雪。日语中的人称代词用在不同的人际关系上时有许多微妙的变化。欧洲语言中的这种变化则很少。德语中有许多描述复杂内心状态的词，这些词在英语中就比较贫乏，但英语显然又比德语更多地为人们提供了发挥幽默感的余地。

二、语言理论

语言理论在很大程度上基于语言观，有了明确的语言观，就可以制定出比较合理的理论研究目标和相应的研究方法；语言理论才能有效地指导语言分析、综合，指导研究结果的形式表述，才能检验理论目标完成的程度和质量，甚至进一步修正研究思路。语言研究者所面对的操作对象即语言可以是同一个，但是他们不同的操作所得出的研究结论却大相径庭。之所以会从同一个对象中看到不同的东西，是因为语言学家的语言观不同，他们不仅由此选择了不同的角度观察这个对象的某些侧面，同时由于语言观与方法论的密切联系，他们必定形成各有特色的方法去显示语言不同侧面的本质特征。

语言的相关性不仅是语言研究的哲学基础和出发点，更对语言教学及第二语言教学具有极其重要的指导意义。语言观是语言教学思想的重要组成部分，不同的语言观会直接影响教师对语言教学思想、教学模式及具体教学方法的选择、接受和采纳。语言教学的任何一种方法都建立在一定的语言观和语言学习观上，也就是说，任何一种教学理论都会涉及对语言本质和语言学习本质的认识。尽管有的教学法创始人并没有公开表示他所倡导的教学法建立在何种语言理论和学习理论基础上，但实际上其教学原则的制订、教学材料的选择和处理必定反映了其语言教学理念。语言观时时刻刻都影响着语言教学。不同的语言观决定了不同的教学方法的使用（以学生为中心或是以教师为中心）、教学材料的评估（过时的或是鲜活的语言材料）、教学活动的安排、语言教学的评估（考察知识的掌握或是注重能力的培养），等等。

三、语言差异与文化差异

（一）语言差异

1. 中西语言观上的跨文化差异

汉字属于表意文字，重意合，而英语属于拼写文字，重形合。汉字起源于象形文字，文字的图形表示其意义，并可以产生意义上的联想，激发形象思维。英语是一种拼音文字，字母是基本的文字表达符号，词的拼写与发音按一定的发音规则形成逻辑关系，而字母对意义而言只是意义的替代符号，语言信息的表达依靠符号按照一定的语法逻辑关系排列组合。英语是一种重形式逻辑的语言。一般而言，英汉语言之间的差异主要体现在以下几个方面：

（1）英语趋于化零为整，汉语趋于化整为零

英语喜欢使用静态词汇，汉语喜欢使用动态词汇。英语语序变换多，汉语语序较固定。英语重物称，常采用无生命词汇作主语，所以多用被动句；汉语重人称，习惯用表示人或物的词汇作主语，所以多用主动句。英语重客体，重形合；汉语重主体，重意合。英语重客观事实，汉语重人际关系。英语重精确，汉语重含蓄。这就是英汉两种语言在风格上和文化上的差异，正是这些文化差异造成了翻译中的障碍和难题。就词汇而言，英语和汉语之间的差异所造成的翻译困难包括词汇空缺、词义冲突、语义联想差异和语用差异。

（2）中西方语言观的根本差异在于对语言本质的看法不同

在中国，无论儒家、道家，还是佛家，都仅仅把语言看成表"意"、达"意"的工具。由于对语言采取一种实用的态度，这就影响到我们的民族精神也是一种实用主义。西方人却不赞同只把语言视为一种工具。尤其是近代以来，西方贤哲对语言工具观的批评尤甚，他们极力强调要重新审视语言的本质。首先，他们把语言视为人的存在形式，认为语言与人的存在具有相对应的结构，语言的世界就是人生存的世界。通过对东西方语言观的比较和探讨，我们发现，如果用我们实用主义的语言观来教育学生学习外语，那只能停留在表面的对字、词、句的认识，只能认为外语是一门工具，从而机械地使用外语，而达不到深刻理解的程度，

更无法认识所学语言的价值和存在形式，这就是为什么在学习外语时会出现许多无法用汉语正确解释语言现象的原因。

2. 英汉词汇上的跨文化差异

英汉词汇上的跨文化差异可谓无处不在，它是英语学习者一个很大的障碍。以下就几种特例进行论述：

（1）英语常用某物来比喻人或事

如用 the melting pot（熔炉）指"美国"，用 olive branch（橄榄树）来代替"和平"等。大学英语基础阶段《英语泛读教程》第四册中有一篇课文选自美国前总统布什写的传记，题为"I Have Already Received An Invitation From God"，其中有这样一句话：you would see the official when hell freezes over. 字面的意思是"当地狱结冰的时候你就能够见到（中国某个高级）官员了"。那么 when hell freezes over 的真实含义是什么？原来，西方人常用地狱来比喻酷热的地方，到处都是熊熊烈火，地狱根本就不会结冰。西方外交官在 20 世纪 70 年代初，要想约见某个中国高级官员是"不可能的"，因此用"when hell freezes over"表示。

（2）有些词的基本意义相同，但派生意义的区别却很大

如 politician 和 statesman。在美国英语中，politician 这个词有很强烈的贬义色彩，引起别人的蔑视。它指为谋取个人私利而搞政治、耍手腕的人，通常翻译为政客。这个词还有"精明圆滑的人"（smooth operator）之意，指一个人说话做事时信心十足，非常老练。汉语"政治家"这个词应该翻译为 statesman，在英国英语和美国英语中都很贴切，statesman 主要表示善于管理国家的才智之士，人们通常把有高级威望的政府官员称为 statesman。汉语中"政治"一词也很难译成英语。在多数情况下，译成 politics 不能准确表述原意，因为 politics 的含义之一是"采取欺诈和不正当的手段搞政治活动"，在选择合适的英语词时，把"政治"这个词翻译为 political study（政治学习）、political activities（政治活动），或者 political work（政治工作）等。

（3）用动物作喻体来表示人物的某些品质，更是一种常见的现象

这些比喻因文化环境不同于汉语有极大的差别。比如，英语的 She is a cat. 这样一个句子，我们就不能理解为"这个女人很馋"。在英语中，

"猫"是同"包藏着祸心的女人"这个比喻义联系在一起的。可见,不同的民族往往从不同的角度观察事物,他们只注意到某些事物的某些侧面,并以此作比喻。久而久之,这些比喻便成为语言的固定组成部分,包含了固定的含义。

（4）在语言的各要素中,词汇是最活跃的因素,更能反映一个国家和一个民族独特的社会价值观、道德观及民族性

各民族文化的个性特征经过历史的积淀都在词语中留下了痕迹。因此,文化差异在词汇层次上表现最为突出,涉及的面也最广泛。学习一个民族的语言词汇,实际上就是学习一个民族的文化。如果学习者不了解目的语的文化背景知识,缺乏对词语的社会文化含义的足够认识,对目的语中一些具有特殊社会文化含义的词语往往用母语的概念来代替目的语的概念,不注意他们在内涵语义上的差异,就容易踏入跨文化交际的误区。

（二）文化差异

1. 文化比较研究

到目前为止,我们已经了解到生理因素可以让我们的世界截然不同,但这里还有另一种常常会阻碍沟通的知觉鸿沟——来自不同背景的人之间的间隔。每种文化都有不同的世界观,都有看待世界的特有方式。掌握不同的文化观点能使我们对自己和对方的文化有所了解,但有时候我们很容易忘记别人和我们看世界的方式不同这一点。

文化差异的范围很广。在中东地区,个人的气味在人际关系中扮演着重要的角色。对于谈话的价值,不同的文化看法也各有差异。西方文化视谈话为令人渴望的事情,并在工作和社交上使用它,沉默在西方文化中带有负面的价值,它被解读为缺乏兴趣、拒绝沟通、敌意、焦虑、害羞或是彼此合不来的征兆,西方人对沉默感到浑身不对劲、窘困、尴尬。相反,亚洲文化以另一种方式看待谈话。数千年来,东方文化不鼓励表达思想和感觉,沉默受到肯定。正如道家所言"言多必失",又如"知者不言,言者不知",亚洲人并不像西方人那样对沉默感到不自在。日本人和中国人认为在没什么可说的话时,保持沉默是较适当的方式。对东方

人来说，一个爱说话的人常会被看作爱吹嘘或者不真诚的人。

当不同的文化相遇时，你很容易就可以看出，对说话和沉默持有不同的观点会如何导致沟通出现问题。爱说话的西方人和沉默的东方人，都以他们认为合适的方式生活，然而彼此都对另一方心存疑惑、无法苟同，只有在他们认识了对方心目中的衡量标准后，他们才能互相适应，或者至少了解并尊重这种差异。这时候他们必须面对并处理所谓的民族优越感（ethnocentrism）问题，也就是认为自己的文化优于别人的态度。旅行作家里克·史蒂夫曾经写到民族优越感是如何干扰人们对其他文化现象的尊重的："我们（美国人）认为自己很爱干净，经常批评别的文化习性有点儿肮脏。我们在浴缸中打肥皂、擦身子、冲干净，都用同一缸子水（但我们是不会这样洗碗盘的）。日本人洗澡的时候每一个步骤都分开使用清水，他们可能觉得我们的洗澡方式很怪异甚至恶心。有些文化当街吐痰、当众擤鼻涕，他们无法想象把痰吐在小手帕里，放回口袋中，需要的时候再继续使用这种行为。"

由于地域与习俗的差异，中西两种文化之间在价值观、认知观等方面往往具有不同的特质，在交际中难免形成交流障碍，这就要求交际者拥有很强的文化包容心理，对不同的文化与交际者采取宽容的态度，提高交际的成效。同时，文化交际的过程也要坚持兼收并蓄和取其精华、弃其糟粕的批判原则。虽然在双方的交流中要宽容对待认知等方面的差异，但不代表要对其全盘吸收，要用辩证的态度看待本族文化与对方文化，经过详细比较分析，吸纳其值得借鉴的地方。强大的文化包容心理要求交际者具有广阔的胸襟和有对对方文化的深入了解。由于差异性可能是两种文化的常态表现，因此包容是进行交际的前提和基础，只有具有广阔的胸襟才能包容对方，才能更好地促进交际的发展。当然，对对方文化的深入了解也是交际者所必须具备的文化素养。若没有对对方文化的深入了解，很可能无法理解交际者的一些行为及语言表达，很难对其所表达的观点有客观的认识。了解是包容的必要条件，也是促进交际向着交际目的发展的关键因素。

2.跨文化比较研究

跨文化比较研究指的是不同文化之间交际行为的比较研究，研究的是交际行为的文化多样性，比较的是不同文化之间交际行为的异同点，重在文化差异的认知比较。根据西方跨文化交际学家 Gudykunst 对西方跨文化交际理论的总结，我们对跨文化比较理论作如下归纳。

（1）交际的文化多样性

文化是多样的，其中最主要的差别是群体文化与个体文化之别，但个体差异也不可以忽略不计。Hofstede 的文化分类说是文化多样性研究的理论基础。

（2）文化交际

文化交际或称"交际文化"（cultural communication），也属于文化范畴。文化交际研究的是本文化的人对本文化之内交际的研究，但也有文化比较研究。其理论原则包括两个方面：每种文化都有其独特的交际方式；交际必须遵循本文化的要求。

（3）语言交际

不同语言之间的异同点、语境对语言交际的作用、直率与委婉、礼貌语言的差异等，都是语言交际（verbal communication）研究的范围。

（4）非语言交际

非语言交际（nonverbal communication）涵盖的内容有体距（immediacy）、个体主义——群体主义（individualism–collectivism）、性别（gender）、权力差距（power distance）、迷茫避免（uncertainty avoidance）、高—低语境（high and lowcontext）。

（5）文化对感情含义及表达的影响

文化对感情含义及表达的影响（cultural influences on expression and perception of emotions）研究的是情感含义及其与文化心理之间的关系，探究情感表达的文化差异、情感作用与文化适应之间的关系。

（6）跨文化关系中的认知与情感问题

认知成分包括文化优越感（ethnocentrism）、模式化或称"定型论"（stereotypes）、认知偏见（cognitive bias）和社会身份问题（social identityconcerns）。情感指跨文化关系中的情感反应，强调负面反应的表现与应对，如焦虑、迷茫、不公平感、偏见感引起的负面反应（如仇恨感）。

3. 思维方式的差异

思维方式是一个民族或一个区域的人们在长期的历史发展过程中所形成的一种思维定式或思维惯性，是一种相对定型化的思维活动式样、结构和过程。思维方式是沟通文化与语言的桥梁。一方面，思维方式与文化密切相关，是文化心理诸要素的集中体现，又对文化心理诸要素产生制约作用。思维方式体现在民族文化的所有领域，包括物质文化、制度文化、行为文化、精神文化和交际文化，尤其体现在哲学、语言、科技、美学、文学、艺术、医学、宗教、政治、经济、法律、教育、外交、军事、生产和日常生活中。思维方式的差异正是造成文化差异的一个重要原因。另一方面，思维方式又与语言密切相关，是语言生成和发展的深层机制，语言又促使思维方式得以形成和发展。语言是思维的主要工具，是思维方式的构成要素。语言的使用体现思维的选择和创造；翻译的过程不仅是语言形式的转换，而且是思维方式的变幻。要研究语言与文化的关系，必须深入研究与语言和文化均有密切关系的思维方式。从人类思维的整体看，思维方式具有时代特点、区域特点、社会特点和民族特点，学习思维方式不仅是思维学、文化学和社会学的任务，也是语言学的任务。中西思维方式比较是老课题，也是新课题。严复、林语堂等早期名家及当代不少中外专家、学者，都有过许多精辟的论述。

由于民情、习俗、宗教、历史、生态环境不同，各民族可能会采用不同的思维角度来审视相同的思维对象或内容，进而采用不同的语言表达形式。例如，要表达"通过做某件事获得双重的益处"，汉语可以用"一举两得"或"一箭双雕"，而英语则可以用 to kill two birds with one stone（一块石头杀死两只鸟），法语可以用 faire d'une pierre deux coups（一块石头打两处）。显而易见，尽管思维的内容大体相同，但由于思维方式不同，不同的民族在语言表达方面存在着显著的差异。

英汉民族的思维差异具体表现在以下四个方面。

（1）感知取向

由于自然环境和社会环境的差异，各民族的思维方式也有各自的特点。西方传统哲学思维对外部事物的反映不是靠直觉感性的认识，而是依赖抽象理性的表述，是一种分析性的逻辑思维，其语言结构特点与思维方式特点相一致。中国传统哲学思维则基于主客体统一的辩证观念，对人和自然界关系的认识是凭借直观理性认识整体，把握外在的世界，是一种直觉表象与整体和谐为主要特征的综合型思维模式。思维与感知方式的不同，在对行为、事物、观念的取向上也存在着很大差异。

（2）时间观念

时间观念受制于文化差异，各种文化都必然在过去、现在和未来三种时间概念上有所侧重。我国是一个传统导向的社会，在时间观念上，人们常常要考虑过去怎样，有何成功的经验或失败之教训，今天如何做，将来又该怎样，也往往以过去为标准。中国人在叙述事物时，一般都按照过去—现在—将来的顺序进行。西方人尤其是美国人则立足未来，因此，未来是他们的重要时间观念。汉英民族在用"前"与"后"分别指称过去与未来的概念上采取不同的观点和态度，翻译时需要我们进行逆向思维来重组原文信息。例如下面的例子。

例1：In fact one mould can produce many thousands of articles before it wears out.

事实上，一个模子生产成千上万件产品之后才会用坏。

例2：We now have the technology to develop machines before people are readyto use them.

而现在我们的技术足以开发人们一时还接受不了的新机器。

如果拘泥于原文"before"的字面意思而译成"在……之前"，译文将晦涩难懂，在此情况下，我们只能"从反计议"，选用符合汉语习惯的表现方法，才能做到文从字顺。

（3）数量表达

由于民族观念不同，英汉两种语言在表达数量概念时有时有一定的差异，翻译时应该顾及汉语的习惯。

例：If you pay by cash, we will give you twenty per cent discount off the price of goods.

如果现金付款，我们予以八折优惠。

（4）反说正译和正说反译

英汉在表达否定概念上的方式和习惯不尽相同，有许多句子正说反译或反说正译都行得通，只是其语气有所不同而已。但是，有些是固定结构或搭配，他们就不能按正常的词汇意义来理解或翻译，要经过正反的调整，否则其意义将会表达不清或误译。

例：It was above the common mass, above idleness, above want, above insignificance.

这里没有平庸之辈，没有懒散，没有贫困，也没有卑微。

对于这种特殊词或短语甚至句子，译者必须在真正吃透原文的基础上，善于摆脱原文结构的束缚，在译入语固有的规矩中，做到虽貌离而神合。

通过以上实例可见，英汉两个民族在不同文化背景下，往往表现出不同的思维定式和社会心态。即使对同一事物，也往往会有不同的视角和不同的观点。在翻译实践中译者应该摆脱原文表层意义和结构束缚，进入深层挖掘其义，这样才能忠实地再现其意蕴，否则，译文就可能背离或歪曲原义，或者貌合神离。

第六章　系统功能视角下的英语语言学

第一节　韩礼德的语言学史观分析

一、古希腊时期的两种语言观

韩礼德认为，当代语言学理论和流派的种种分歧，归根结底，有其历史根源。这是因为在西方语言学史上早就形成了两种对立的观点，一种以普罗泰戈拉（Protagoras）和柏拉图（Plato）为代表，一种以亚里士多德（Aristotle）为代表。

二、中世纪和 20 世纪前的两种语言观

上述两种观点在历史的长河中时而接近，时而偏离，但以亚里士多德为代表的观点在大部分时间中居于主流。例如，为中世纪形式句法学奠定基础的摩迪斯泰（Modistae）学派和法国保尔·罗瓦雅尔（Port-Royal）的"理性主义"学派都与亚里士多德的观点有渊源关系。

11 世纪末兴起的摩迪斯泰学派受理性科学的影响，认为语法应当是分析性的，而不是解释性的。17 世纪的保尔·罗瓦雅尔学派的 Antoine Arnauld、Claude Lancelot 和 Pierre Nicole 则认为理性语法属于说话的艺术，而逻辑属于思维的艺术。他们认为理性是判断的延伸，判断既属语法领域，也属逻辑领域。语法、逻辑和修辞学这三个传统学科实际上只有两个，因为语法和修辞学完全可以说明语言的内部和外部运作情况。

具有人类学倾向的观点在 18 世纪崭露头角，在 19 世纪居主导地位。这是因为随着资本主义的发展和向外扩张，当时的语言学家重视研究欧洲的俗语以及美、亚、非三洲和太平洋岛屿的诸语言。

三、近代的两种语言观

在 20 世纪上半叶，后一观点在欧洲继续顺利发展，如语符学派（即哥本哈根学派）、布拉格学派和伦敦学派的问世。在美国则有布亚斯（Buyas）、萨丕尔（Sapir）等人的理论。

与此同时，随着由布龙菲尔德（Leonard Bloomfield）开创的美国结构主义语言学主宰了美国语言学界，特别是乔姆斯基的转换生成语法兴起后，以哲学为本的语言学再次发展，并在全球产生更大影响。

尽管乔姆斯基当时被认为是结构主义学派的"叛逆"，但他的理论基本上没有越出结构主义成分理论的窠臼。乔姆斯基引入深层结构的理论只是为了填补结构主义理论在语义学上的空白。反之，生成语义学派最初试图开拓一条新的道路使转换生成学派摆脱困境，正在考虑把语义引入他们的理论框架中，以便向语言三层次理论过渡。

韩礼德认为上述两大流派都关心语言系统，都要解释语言的基本特性。不同点在于如何看待系统和行为的关系。乔姆斯基的逻辑句法学，为了达到高度的形式化和理想化所花的代价太大，以致自然语言成了人造句法学，被简约得面目全非，这种理论的心理真实性一旦消失，转换理论便黯然无光。

韩礼德指出，一种观点着眼于生物体之间（社会学的）；一种观点着眼于生物体内部（心理学的），两者应当互为补充，这才有利于语言学的健康发展。

能否避开这种互相对立的倾向呢？在一定程度上是可以的。韩礼德举叶尔姆斯列夫（Louis Hjelmslev）的理论为例，后者的音系学系统和词汇语法系统基本上是中立的。问题在于一旦深入语义学层次，语言学家便必须为他的理想化标准做出抉择——是运用心理学的理论，还是社会学的理论，还是美学理论？

第二节　系统功能理论

一、系统理论

1966 年，韩礼德发表了《深层语法札记》一文，正式提出了语言的深层应当是可进行语义选择的系统的观点，这就是说，深层语法应当是系统语法。这是继"阶与范畴语法"后的又一次历史性的突破。

（一）时代背景

传统的结构主义理论在介绍语言结构时，既包括组合关系，也包括聚合关系。在进一步说明组合关系时，一般区别词类之间的线性配列（如"形容词"之后为"名词"）和以功能表示的非线性配列（如"修饰语－中心词"关系，或修饰关系），但这两者又都被认为是结构。不管这种概念模糊与否，有一步可以确定，结构被放在非常突出的地位。1965 年，乔姆斯基发展了霍凯特所使用的"表层结构"和"深层结构"的概念，提出一个句子的表层结构可定义为"对各个成分的线性的暂时确定的序列恰当地置于括弧之中，每一对括弧标记以范畴名称"。至于深层结构，一般不等同于表层结构，是"语法关系和句法构成更为抽象得多的表达"。从上述基本论点可以看到，表层结构的表达包括"类"和"序列"两个概念。序列是唯一可测定的关系，因为"类"并不充分表达句法关系，即便给"类"加上功能标记（如在形容词的节上标示修饰词），其作用也有限，因为树形图本身已提供了序列。底层的组合关系从理论上来说是非线性的，实际上也给了某种线性的标记。再者，类－序列概念很难提供聚合关系的情况，因为聚合的"相关性"决定于功能上定义的环境。两个实体只有在共同的功能环境下才能形成对比。在结构主义理论中，这个环境要用组合功能来规定。这样它以结构表达，即以"深层"的组合关系为前提。例如，"主语"功能本身是由小句结构中的组合关系来规定的，并进一步说明"修饰语－中心词"这个组合关系和"单

数 / 复数"这个聚合关系的环境,但很难说明"陈述句"或"疑问句"得以产生的按功能定义的环境。这些都是传统的结构主义理论未能解决的问题。

（二）系统理论的引入

与一定环境有关的聚合对比可以有两种模式。一种模式是在"深层语法"中作一次性表达,既纳入组合功能,也纳入聚合功能,另一种办法是通过对环境的规定,采用一种与组合关系既有区别但又相关的说明。后者就是弗斯的"系统"的观点,它相当于依赖功能环境的"深层"的聚合关系。

"系统"在叶尔姆斯列夫的理论体系中也指聚合的概念,定义为"相关关系的等级体系"。系统是对聚合轴上的关系的表述,是在一定环境下可以对比的特征集。对系统中的功能要在整个格局中解释,如在一个三项时态系统中,"过去"要与"现在"和"将来"对比。对结构功能则要参照整个结构格局下定义,"修饰语"要参照"中心词"下定义。到此为止,韩礼德认为如果按此方式单独表示聚合关系,这意味着对一个语言项的整个语法描写应包括结构和系统两个部分。换言之,"系统描写"只是语言项目的一种表达形式,系统描写只能是补充但不代替结构描写。

（三）对伦敦学派系统理论的第一步修正

在伦敦学派的传统的系统理论中,特征是"无序的",但韩礼德认为采用他在阶与范畴语法中所说的"精密度阶"的理论,可以使之部分有序化。在系统描写时,任何一对系统,如果其中一个系统的一个特征同时出现于另一个系统,那就可以是有等级的或同时的;如果这两个系统呈现等级次序,派给这些系统的特征也应有序。

对与一定环境有关的任何系统皆有可能构成一个系统网络,其中一个系统必然与另一个系统形成等级关系,有时要与两个或更多的具有平行关系系统形成等级关系,有时要与两个或更多的具有平行关系系统形成等级关系。

（四）对伦敦学派系统理论的第二步修正

韩礼德在上述讨论的基础上进一步提出系统描写是否有可能成为表述的底层形式问题，即结构描写能否从系统描写衍生。如行，那么结构便成为可以预见的了。这正是乔姆斯基所追求的但未能实现的语法简洁性的概念。

把对一个语言项目的系统描写作为该项目的底层语法表达，意味着该项目与其他项目的聚合关系具有更为基本的特性，从中可以衍生其内部（组合）结构。这样的底层语法就是以系统特征表示的"语义上显著"的语法。它可为诸语言项目的"相关性"提供一个聚合环境，并在其他对比环境中作用。这样，结构不再是系统的起始点，而是系统特征集合体的体现。

（五）对伦敦学派系统理论的第三次修正

韩礼德深层语法或系统语法还应该考虑到一个有关因素，那就是音系层，特别是语调和韵律，也能体现语法特征。这种特征在组合表达中被认为是组合体的上缀或结构成分，但把音高升降曲线作为结构表达中某一位置的成分未免失之牵强。同一个特征在有些环境中由结构形式体现，在另一些环境中可以由语调体现。某一语调形式在不同环境中可以体现不同的特征，这也意味着语调是不能从结构环境中预示的。如果把它作为系统特征的一个体现形式，在系统语法中就成为可以预示的了。它具有像结构成分同样的抽象程度，但没有结构的成分。韩礼德通过这一举例说明了：如果采用成分结构表达以外的方法来说明聚合关系，然后决定成分结构，那么，只要结构描写就能充分地处理组合关系，没有必要在表达的成分阶段说明所有的问题。

（六）特征与系统网络

每个特征是系统中的一个项。这个系统处于同其他系统呈等级关系和同时关系的位置。这个位置是多系统的。对一个系统的识别和给它配属的特征，决定于在所说明的环境中对比的潜力。例如，在英语中 he can go 和 can he go 出现的比例不同，因此各系统在精密度上的顺序对于鉴别系统特征起到重要作用。

　　为了定义系统网络中的起点，对组合环境做出规定也是必要的。这可以采用级阶的概念。在级阶里，对成分等级关系中某些起始阶段的鉴别和标记可以作为限定不同的、更为特殊的环境的起点。级阶有可能作为规定"功能关系"的第一步。这就有可能在根据成分地位决定的位置用系统表示，然后用特征进一步规定环境，如特征 X 可以与具 Y 和 Z 特征的成分有关，而不是和具有某组合功能的成分有关。小句的主动语态和被动语态的对比可能性取决于小句的其他特征，而不是取决于该小句在句子中的功能，便是一例。

二、功能理论

　　系统描写的前提是对呈聚合关系的特征进行有等级的不断的选择。这样的语法必然是"语义上显著的"。正是基于这个认识，韩礼德在完成了系统理论框架的同时，立即着手探索功能描写的理论。在这方面的主要论文和专著有《英语及物性和主位札记》《英语小句主位组织的某些方面》《英语小句的选择与功能》《语言结构与语言功能》《从英语情态和语气角度看语言的功能多样性》《语言功能探索》等。在这方面集大成者是经过多年增删的《功能语法导论》。

（一）系统与功能

　　系统网络中应包括哪些系统？各个系统的起始点是什么？这是韩礼德研究功能描写理论的主要目的。由于系统语法最初是为了说明语言的组合关系和聚合关系，或结构与选择的问题，因此韩礼德首先要说明的是语法单位，特别是对小句的功能描写。1967 至 1968 年发表的关于及物性的文章是最早的形体比较完整的功能描写理论模式。也认为从完整的小句出发就应该同时包括及物性、语气和主位三个系统。及物性系统与小句中表示的过程类型有关，过程又涉及参与者（如动作者、目标、受益者等）、属性和环境。当然这些语义特征又可以由词组或短语体现，如：a moving target, happy girl 等。除此以外，尚有信息（information）、论断（predication）等。

（二）功能与用途

在 1967—1968 年的功能描写理论中有一个不足之处，那就是及物性、语气、主位等系统都是功能的概念，而在网络中的起始点是小句，这是一个语法上的结构单位；因此，有必要进一步阐明语言结构和语法功能的关系。1970 年发表的《语言结构与语言功能》一文，从语言的本质的角度阐明了这个问题。韩礼德指出语言的本质与我们对它的要求和它所应完成的功能有紧密联系。所有文化都会在语言中反映出这种更为普遍的功能，那就是概念功能、人际功能和语篇功能。韩礼德认为这些都是元功能，是构成语义层的三大部分。这是功能理论中一个较大的突破，把功能理论与语义学挂上了钩，但这里所说的是元功能，他们是高度抽象、高度概括的，难以在语言中找到相应的形式项。

韩礼德强调语言的多重功能都会在语言结构中得到反应。没有必要争论其中一个功能比另一个功能更为抽象、更为深层。他们在语义上都是互相关联的。对这些功能的了解有助于我们将语言的内部模式（底层的选择及其在结构中的体现）与实际情况下使用语言时的要求联系起来。

（三）语言功能与社会符号学

包括概念功能、人际功能和语篇功能的语义系统网络只是提供了"语义潜势"（meaning potential）。它要通过语篇（text）才能现实化，或成为语义选择的过程。这里所说的"语篇"不是指"文本"一类实体性概念，而是社会符号学概念，因为语篇受制于情景语境，或者说，情景指语篇得以生成的环境。情景在理论上是社会语言学构成，即某一个特定的情景类型是一个符号结构。它是包括三个社会符号学变元的集合体："语场"（field），"语旨"（tenor）和"语式"（mode）。语场是包含语篇的社会活动，题材就是它最特定的表现；语旨是谈话参加人员之间的角色关系的集合，正式性程度便是它最突出的例子；语式是交际时所选择的频道或波长，口语或书面语是它的变元。

语场、语旨、语式不是语言使用的种类，也不是简单的言语背景的化分。正是他们与语义学的三个元功能成分呈现有规律的相关。用语场、语旨、语式的概念对语境的符号特征做充分的规定，人们就能通过与这规定有联系的语篇的语义特征做出有据可循的预见。

　　根据语场、语旨和语式的具体要求，人们才能在功能语义部分逐项进行选择，最后在语言中体现为相应的语言形式，又进一步体现为语言实体的说明项。系统选择是语言项的内部关系，而功能描写则使系统选择成为有意义的、有动因的语言产生活动。社会符号学便是完整的语言描写和产生的理论。

　　韩礼德的社会符号学表明，意义产生过程，即"符号生成"（semiosis），比符号之间意义关系的系统更为基本，这是可用来说明意义产生的源泉。社会符号学审视文化和社团所特有的符号实践，以便在各种情景语境和文化上有意义活动的语境中，产生各种语篇和意义。这样，社会符号学不必在理论符号学和应用符号学之间做严格的区别，它与话语分析、教育研究、文化人类学、政治社会学的联系更为密切。

第三节　系统语法

一、语言分析的四种模式

　　1954 年，霍凯特（Hocket）发表《语法分析的两种模式》一文，介绍了"项目和配列"模式与"项目和过程"模式。在此之前，传统语法一贯采用"词和词形变化表"模式。系统语法所采用的"项目和聚合体"模式实质上接近于第三个模式。

（一）项目和配列模式

　　项目和配列（item–and–arrangement，IA）模式中的项目指可从语言中独立出来并且可作为项目表的一部分加以引用的语言形式。语言项可以分属若干层次，如英语的 sheep, ram 均可算"词汇项"（lexical item）；英语的"复数词缀""进行体词缀""过去式词缀"等可算"语法项"（grammatical item）；描写英语词 meal 的音系可分出 /m/, /i :/ 和 /t/ 三个音位，属"音系项"（phonological item）；meal 在书写时由 m, e, a，t四个字母组成，属"字音项"（graphological item），等等。项目和配列模式就是对这些项目作静态的描写；它不考虑历时的因素，而是用项目表以及这些项目在其中出现的配列来描写语言。这种方法在形态学中应用较多，如分析teacher和singer或boys和girls等词就可发现"er"和"s"两个抽象语言单位。

项目和配列模式也可用于句法描写。

采用项目和配列模式对语言进行全面的形态分析应包括：①详细说明语素的总数（即项目）；②详细说明语素可以从中出现的语列（即配列）。③详细说明每一个语素得以体现的形素（即形态结构的语法方面的联系）。

项目和配列模式是布龙菲尔德结构主义分析语言时所采用的基本模式。兰姆在层次语法中也采用此模式。这个模式的缺点是难以通过配列说明像sang或shown等词的过去时形式或过去分词形式。为了解决这个矛盾，一些语言学家引入"形态音位"（morpho-phoneme）的概念，也有人对"形态音位"这个概念是否真实持有异议。

（二）项目和过程模式

项目和过程模式（item and process，IP）把语言作为一个动态系统来描写，如英语took是由take经过元音变化的过程衍生而成，被动句是由主动句经过被动转换这一过程而成。项目和过程模式是转换语法和生成音位学的基础。

根据不同情况，各项目的变化过程可按三种规则操作：①对大部分合乎规则的项目来说，有一个基本变化过程形式，如shout变为过去式的shouted添加了过去式词缀-ed。②像sang这样的过去式动词是sing这个词项在变化时消除了过去时态的形式特征，但激发了由i转变为a的元音转变过程。像sang这样的形式上能说有过去时态的残迹，但无具体的基本的形式。③就形态音位变化过程而言，如果我们用[D]表示英语过去时态的形态音位，那么规则可以规定d在kissed的s之后转换成l。这相当于古印度语法学家的"音便"学说。

由此可见，项目和过程模式回答项目和配列模式所未能解决的问题。

后者只能处理离散式项目关系，前者则既可处理离散式项目关系也可处理非离散式项目关系。霍凯特提出，英语之所以有离散式项目和非离散式项目的形式有其历时的原因。如果只从共时考虑，难以决定变化过程孰先孰后。

（三）词和词形变化表模式

词和词形变化表模式（word and paradigm，WP）把词看作语法描写的中心单位，即语法家不是任意以某一词的某一形式作为给定形式，而是把大部分词连同他们的派生形式和词尾变化形式直接编入词形变化表中。这样，这些形式可以同时显示出词形变化关系和句法关系。这就是我们在传统语法中所见到的动词词形变化。这一模式有时也可用以表示句子中主语与谓语的一致关系等句法描写。

语言是约定俗成的，有强制性的一面，也有任意性的一面。由于词和词形变化表模式只考虑共时的原则，不存在前两个模式的弊端。为此，罗宾斯（Robins）不同意把这种模式打入冷宫。但词和词形变化表是为传统语法服务的，需要加以改造才能作为语言学的描写方法。

（四）项目与聚合体模式

罗宾斯属伦敦学派，因而对词与词形式变化表中的聚合关系感到极大兴趣，但直到 1973 年才由系统语法学家正式提出"项目与聚合体"模式（item and paradigm）这个名称。这个模式与词和词形变化表模式在实质上无多大区别，但"项目"一词在内涵上要广得多，它可以包括各个层次的各种级阶中的各种形式类和单位的关系。其次，paradigm 一词的旧义为"词形变化表"，局限性很大，"聚合体"的概念则要灵活得多。尽管如此，有的语言学家仍把"项目与聚合体"模式列入"词与词形变化表"模式，即 WP 模式。另一个原因是项目与聚合体模式在英语中的首写字母也为 IP，极易与"项目与过程"模式（IP 模式）混淆，因此在使用英语简称时，仍习惯于叫 WP 模式。项目与聚合体模式的基本内容指人们在各种特征项目中的选择和组合，最后体现为成聚合体的各种形式。

二、有关系统的几个基本概念

（一）系统与系统网络

语言是系统的系统。这就是说，在语言这个总系统下，包括众多的子系统。"人称系统"要求在"言语角色"和"数"之间同时进行选择。这两个子系统又可分别叫作"第一人称／第二人称／第三人称"系统和"单数／复数"系统。

由于"人称"系统包括"言语角色"和"数"两个子系统，"言语角色"系统下又包括"第一人称""第二人称""第三人称"三个子系统。对这大小系统联结在一起的关系，我们称之为"系统网络"。

（二）选择

一个系统可提供人们对两个或两个以上的特征或项目进行选择。我们可以从时态系统选择"过去时"或"非过去时"，又从"非过去时"的子系统中选择"现在时"和"将来时"。

一般来说，人们习惯于采用两分法，但这只是一个趋势，不是硬性规定。为使系统网络简洁，被选择的项目可不限于两个，选择的结果是一样的。

（三）从属关系

选择之所以成为可能，在于被选择的各项具有逻辑上居先的特征。不论是选择"过去时""现在时"或"将来时"都要具备"时态"这个特征。"过去时""现在时"和"将来时"与"时态"之间的关系为从属关系（dependency）。不具备这种从属关系的项目不能列入系统网络中。

（四）入列条件

从属关系也可从另一侧面用"入列条件"（Entry Condition）的概念来表示。在系统网络中，位于左侧的是入列条件。我们所要表达的语义，如果具备"时态"特征，就是符合入列条件。一旦符合这个条件，便可在系统中做进一步的选择。说得更具体些，人们不仅仅是"可能"，而且是"必须"在其系统中进行选择。因此这种选择具有强制意义，因为我们既然要表示"时态"这个概念，就有必要进一步明确指的是"现在时""过去时"或"将来时"。

（五）选择表达

每当人们在系统中进行选择，最后可供选择的项目或项目的组合为"选择表达"（selection expression）。不论采用两分法或非两分法，可能的选择表达均为三个，即"过去时""（非过去）现在时"和"（非过去）将来时"。

（六）选择说明

对系统除用图表说明外，也可以用文字说明。靠词语来说明系统中各项目的关系，远远不如以图式符号所表示的一目了然，后者可避免许多词语的重复。

选择说明（selection statement）也可把特征项目按网络中的选择顺序进行排列。

（七）选择终止

当系统中被选择项本身不再作为入列条件引导一个更精密的选择系统时，意味着该项目已到了选择尽头。

（八）意义和意义潜势

当人们要表达一定意义时，便要在系统网络中进行有目的的选择。换言之，当某个项目被选定时，意味着某种要表达的语义已被选择。在这个基础上，选择就是意义（meaning）。

我们如选择"陈述"项，意味着我们要表达陈述语气的语义。这样，可供选择的"陈述""疑问""祈使"以及"语气"各项作为整体都是潜在的可供选择的语义，这就是"语义潜势"（meaning potential）。

三、系统标号

在系统网络中采用符号标写的方法更能表示各特征项目之间的深层关系。就选择的基本符号来说，实际上只有两种，即"析取选择"（either or choice）和"合取选择"（both and choice）。析取选择指在可供选择的项目中只能选其一。这就是说，选择是排他性的，选了 X 就不能选 Y；选了 Y 就不能选 X。析取选择用直角括弧"[ ]"表示。合取选择指在可供选择的若干个子系统中对其每一个子系统都要同时进行选择，用两端微呈圆形的大括弧"{ }"表示。

析取选择和合取选择的不同组合可产生五个基本网络形式，概括种种复杂的选择关系。另外，我们还要学习双向性、非标记性、精密度等的符号。

四、体现

体现（realization）的基本概念发端于"阶与范畴"语法中的说明阶。在系统语法里，韩礼德从兰姆的层次语法中借用了"体现"这一术语。体现的概念用来说明各层次之间的关系和每一层次内不同范畴之间的关系。从另一个意义上说，"体现"通过体现说明将系统网络中的语义特征与结构单位联系起来。体现说明旨在说明从网络中选定某一特征后，在形式层或实体层应具有某种特定的反射，但其体现还取决于共同出现的其他特征。因为语义往往是多项特征的总和。

系统语法使用从左上角向右下角移动的斜箭头"↘"表示体现关系。特征在左，体现规则在右。既有体现层次之间的体现，也有层次内部的体现。下面重点讲一下体现说明。

系统中的特征项目体现于英语结构时，有六种主要方法，因而相应的有六种体现说明（realization statement）指导体现过程的进行。当然，这些体现说明之间也有一定联系。

（一）插入

系统中一个项目在体现时可要求语言结构具有或插入（insert）一个特定的成分。例如，要体现"陈述"语气这一项目，就要求小句结构中存在"主语"这个语法功能成分；在体现"完全句"时，要求在小句结构中出现主要的语法功能成分"谓语"。为此，我们可以具体规定以下两条插入说明：①如果选择了陈述语气，应在小句结构中插入"主语"成分。②如果选择了完全小句，应在小句结构中插入"谓语"成分。

（二）连结

系统中一个项目有时要求结构的某些成分有一定的序列。例如，"陈述"语句的体现要求按"主语——谓语"序列出现。又如，要体现"标记主位"时，要求补语、附加语或部分谓语动词出现在主语之前。其体现说明可具体表示如下。

如选择了陈述语气，置主语于谓语动词之前。

如选择了标记主位，置补语（或附加语，或部分谓语动词）于主语之前。

连结（concatenation）的能够实现与否是以第一条说明为前提的，即在形成过程中应先向语法结构插入这些成分。

（三）特指化

系统中的一个项目在体现时，要求从形式项的次类中选择一个特定的形式（particularization）。例如，假设在及物性系统中选择了心理过程，那么，所体现的"谓语动词"要求从动词词组的表示心理的小类中选择一个语义对口的动词。当然这也离不开插入说明。

（四）功能派给

功能派给也可叫作"内包"，指对从及物性系统进行选择的规定应包括某些功能成分（如参与者角色）的信息，例如在物质过程选择"中动态"时，意味着要有一个"动作者"的参与者角色。如选择"非中动态"，则应具有两个参与者角色的功能成分，即使其中一个功能成分在现实化的话语中没有出现，其语义仍然是内包的。从逻辑上讲，功能派给（function assignment）的体现说明应先于上述三类体现说明。

（五）重合

当我们在系统网络的两个子系统中同时选择两个功能成分在结构中体现时，就会出现重合（conflation）的现象。例如，如果我们选择主动语态，形式项中的主语既体现概念功能中的"动作者"，又体现人际功能语气系统中的"（部分）语气成分"，还体现语篇功能中主位结构的"主位"。同样，如果我们选择被动语态，则"目标""（部分）语气成分"和

"主位"功能在形式项的主语中重合。因此,重合体现说明以功能派给说明为前提。

(六)非连续性

一个结构可以体现一个以上的功能,反之亦然。一个功能可以由一个以上的结构成分体现。非连续性(discontinuity)体现说明需要规定:表示加强的"连接"语义的功能成分可裂成两半,由两个附加语插入体现。在体现情态语义时,也会遇到类似情况,一部分情态语义在形式项的谓语中体现,一部分在附加状语中体现。

第四节　功能语法

一、概念功能

系统功能学派认为,语言是人类社会活动的产物。作为人类交际的工具,它承担着各种各样的功能。韩礼德把语言的纯理功能分成三种:概念功能(ideational function)、人际功能(interpersonal function)和语篇功能(textual function),并具体分析了这三种功能在英语中的体现形式。

韩礼德所说的概念功能包括经验功能(experiential function)和逻辑功能(logical function)两个部分。经验功能指的是语言对人们在现实世界(包括内心世界)中的各种经历的表达。换言之,就是反映客观世界和主观世界中所发生的事、所牵涉的人和物以及与之有关的时间、地点等环境因素。逻辑功能指的则是语言对两个或两个以上的意义单位之间逻辑关系的表达。经验功能主要是通过"及物性"(transitivity)和"语态"(voice)得到体现的。

(一)语态

语态在传统语法中是一个既与表示过程的动词有关又涉及小句其他成分的语法范畴。在功能语法中,如果说及物性反映的是过程类型及其有关的参与者和环境成分,语态反映的则是某个过程首先与哪一个参与者建立联系。

在讨论语态时，许多语言学家都从参与者和过程本身所具有的主动关系和被动关系出发，把语态分为"主动"（active）和"被动"（passive）两大类。韩礼德的做法则不同。他主张把语态分为"中动"（middle）和"非中动"（non middle）两大类，其中非中动语态又可以进一步划为主动和被动两种类型。

（二）逻辑功能的类型及其体现形式

逻辑功能指的是语言所具备的反映两个或两个以上语言单位之间逻辑语义关系的功能。韩礼德是从两个不同的角度来研究这种功能的：相互依存（interdependency）和逻辑语义关系（logical semantic relation）。

二、人际功能

语言除具有表达讲话者的亲身经历和内心活动的功能外，还具有表达讲话者的身份、地位、态度、动机和他对事物的推断、判断和评价等功能。语言的这一功能称作"人际功能"。

语言的人际功能是讲话者作为参与者（as a participant）的"意义潜势"，是语言的参与功能。通过这一功能，讲话者使自己参与到某一情景语境中，来表达他的态度和推断，并试图影响别人的态度和行为。此功能还表示与情景有关的角色关系，包括交际角色关系，即讲话者或听话者在交际过程中扮演的角色之间的关系，如提问者与回答者，告知者与怀疑者等之间的关系。

人际功能除可由语气和情态体现以外，还可由语调（基调）来表达。语调的语义特征不是由句法结构，而是由音系层的声调，即音调"升降曲线"来表达的。但它和语气系统及情态系统密切相关。

可以对命题和提议做出判断或评价的有两个系统：归一性和情态。

三、语篇功能

无论是概念功能还是人际功能，最终都要通过语言表现出来，因而必然受到语言本身某些特征的制约，如任何语言在实体层都要一个音一个音地、一个词一个词地体现出来，而且在一定语境下的表述都彼此相关。这种有意义的表述的集合体就是"语篇"（text）。语篇可以是一个极为简单的表述，如溺水者临危时高声喊出的"Help！ Help！"但在多数情况下却需要若干句话甚至更多的话才能体现说话者根据一定语境所想表达的完整意思。在这个意义上，语篇属于语义的范畴，它不是大于句子的句法单位，也不是段落。在语义层中，把语言成分组织成为语篇的功能，叫作语篇功能。

语篇功能是通过以下三种方式得到体现的：主位结构、信息结构和衔接。

（一）主位结构

为了研究语言交际是如何进行的，语言学家们早就对主位结构进行了认真的探讨。布拉格学派的创始人马泰休斯认为，一个句子可以划分为"主位"（theme）、"述位"（rheme）和"连位"（transition）三个部分。主位是话语的出发点；述位是围绕主位所说的话，往往是话语的核心内容；连位是把主位和述位连接起来的过渡成分。后来，许多语言学家继续探讨，提出了不少新的见解。大多数人主张把主位、连位和述位三个部分合并成主位和述位两大部分,把连位看作述位的一个组成部分。有些语言学家提出了"主题"（topic）和"述题"（comment）这两个术语，并把他们分别与主位和述位等同起来。这种做法遭到了另一些人的反对，如韩礼德虽然也用主题这个术语，但他并没有把它与主位看作同一概念。他指出：主题只是一种特殊的主位，即分句中在概念结构里具有某种功能的第一个成分。

（二）信息结构

信息指的是发话人传递给受话人的音信（message）的内容。它是信息理论研究的对象。

信息理论这门专门研究信息传递的学科是由香农（C.Shannon）等人创立的，在通信工程学中得到了广泛的应用。

最初把信息理论运用到语言学研究领域的是第二次世界大战之前的布拉格学派。直到20世纪60年代后期，韩礼德结合语篇功能和篇章结构的研究，把信息理论在语言学中的应用提到了一个新的高度，这才引起了许多语言学家、话语分析学家、文体学家和心理学家的广泛注意。

1. 信息结构的含义

信息结构是把语言组织成为"信息单位"的结构。信息单位是信息交流的基本成分。所谓信息交流，即言语活动过程中已知内容与新内容之间的相互作用。已知内容指的是言语活动中已经出现过的或者根据语境可以断定的成分，称为"已知信息"。新内容指的是言语活动中尚未出现或者根据语境难以断定的成分，称为"新信息"。可以这样说，信息结构就是已知信息与新信息相互作用从而构成信息单位的结构。

2. 信息结构的特点

在言语活动中，讲话者是通过调群构成信息单位，然后又以连贯的调群构成独立的语篇的。因此，要认识信息结构的基本特点，重点在于弄清信息单位本身所具有的性质和特点。

（1）信息单位的构成

信息单位的构成形式是：已知信息—新信息。这就是说，在每个信息单位中，都必须有一个新信息，没有新信息的单位是不完整的，也是不能成立的。而已知信息则是可以取舍的。

（2）信息单位的规模

信息单位是由必不可少的新信息加上可以取舍的已知信息构成的，其表现形式是调群。信息单位的规模大小可以根据调群本身的长短来判断。很多情况下，调群的长短与小句的长短是一致的。

3. 信息结构与主位结构

信息结构和主位结构同属语言的语篇功能部分，而且都与信息传递紧密相关。他们之间的区别主要表现在以下六个方面。

第一，与小句的关系。信息结构不受小句结构的限制，信息单位和小句之间不存在固定的对应关系。主位与小句之间却有着十分密切的联系，它总是作为小句的一个组成部分出现的。

第二，体现形式。信息结构的体现形式主要是语调，在语调曲线上处于最高位置的是信息中心，即最重要的新信息。主位结构的体现形式则是小句中各个成分的线性排列次序。

第三，出现次序。在信息结构中，已知信息一般先于新信息，但并不尽然。有时候,新信息也可以在已知信息前面出现。而在主位结构中,主位由其本身含义所决定,总是先于述位出现,述位先于主位出现的模式是不存在的。

第四,能否省略。信息结构中的新信息不能省略。已知信息必要时可以省略。

第五,衡量标准。在信息结构中,已知信息是指"你"即受话者从言语活动的上文或语境中已经知道的内容,新信息是指"你"即受话者还不知道的东西。

在主位结构中,主位是"我"即讲话者讲话的起点、谈论的题目,述位是指"我"即讲话者围绕起点、题目所要讲述的内容。

已知信息 / 新信息以受话者为标准 (hearer oriented),而主位 / 述位则以讲话者为标准 (speaker oriented)。

第六,与言语活动上文的关系。信息结构与言语活动上文的关系十分密切,离开上文,很难说有什么新旧信息之分。主位结构是小句内部组织的信息结构,如何切分主位和述位与上文的关系并不紧密。

4. 信息结构与衔接关系

信息结构与衔接(cohesion)关系是语篇功能内部的两个概念不同的次系统。他们之间的主要区别在于是否属于结构形式(form of structure)。信息结构是一种语义结构形式。在这个结构中,语篇的每一个成分在已知信息 / 新信息的框架中,均具有一定的功能,即不是已知信息就是新信息。虽然信息结构不受语法成分等级关系的约束,但由于其本身有自己的语义结构;因此仍不失为一种结构形式。衔接关系不是结构形式。它是运用照应、省略、替代、连接和词汇衔接等手段,把语篇中结构上互不相关,但语义上互相依赖的各个成分联成一体的一种语义关系。

(三)衔接

衔接和语篇一样,是一个语义概念。它指的是语篇中语言成分之间的语义联系,或者说是语篇中一个成分与另一个可以与之相互解释的成分之间的关系。当语篇中一个成分的含义依赖于另一个成分的解释时,便产生衔接关系。

衔接与词索、单词、词组、小句、句子等概念不同。前者是语义概念，而后者是语法概念。后者是前者的具体体现形式。

韩礼德把衔接分为语法衔接（grammatical cohesion）和词汇衔接（lexical cohesion）两种。语法衔接有四种：照应（reference）、省略（ellipsis）、替代（substitution）和连接（conj unction）。词汇衔接也有四种：重复（repetition）、同义 / 反义（synonymy/antonymy）、上下义 / 局部—整体关系（hyponymy/meronymy）和搭配（collocation）。

以韩礼德和哈桑为代表的语言学家们对衔接关系的注意和研究，把语言学这门科学从语音、词法和句法等领域扩展到语篇这个更为广泛的范围，加深了人们对语篇结构和语篇功能的认识。研究衔接关系，不但有助于对语言本身进行科学的描写，而且有利于话语分析、文体研究、美学、修辞学、语用学等其他科学的发展。

第七章　教学视角下的英语语言学

语言教学（language teaching）是一门涉及语言学、心理学、教育学等诸多领域的综合性学科。作为应用语言学的重要内容，语言教学在应用语言学、教育学领域备受重视，在应用语言学中占有十分重要的地位。不少学者认为，狭义的应用语言学实际上就是指语言教学。有人认为，狭义的应用语言学特指第二语言教学，也有人认为，狭义的应用语言学专指语言教学，特指外语教学和第二语言教学，英国学者科德（Coude）甚至把语言教学作为应用语言学的全部内容来进行专门论述。语言教学具有悠久的历史，长期以来一直受到教育学家、语言学家的关注。本章就对语言与教学的相关内容进行分析。

第一节　语言教学的主要性质

无论认识什么事情，都要首先了解它的性质或者特点，也只有对其性质有清楚的认识，才会清楚地认识该事物。在分析语言教学时，同样如此，我们首先要认识其性质。从总体而言，语言教学是指教育者运用特定的方法，把语言知识与相关的理论有目的、有计划地传授给学习者，从而达到使学习者掌握一门具体语言并能将语言用于交际目的的教学活动，它是教育工作的重要组成部分。

我们可以从以下几个方面认识语言教学的性质。

一、教学目的

从根本上说，语言教学的目的是使学生学会听、说、读、写和用语言进行交际。但语言教学的目的可以具体可分为五种，即受教育目的、学术目的、职业目的、职业工具目的、其他目的。语言教学的目的实际上也是学生学习语言的目的。语言教学不能背离其目的，否则语言教学就失去了其应有的意义。

二、教学内容

教学内容就是教什么。教学目的决定教学内容，教学目的不同，教学内容自然也会有所不同。语言教学的教学内容包括语言要素、语用规则、言语技能、言语交际技能、相关文化知识。这五个方面的内容都需要通过言语材料的形式进行展示，并且必须根据学生的程度、交际的需要对言语材料进行选择、编排。此外，在选择、编排这些材料时需要体现系统性，主要是体现由易到难的言语系统。

三、教学原则

语言教学的原则包括根据对象的特点选择、编排教学内容，正确处理语言与文化之间的关系以及言语要素与语言知识之间的关系，正确处理言语要素的传授和言语技能训练以及言语交际技能训练之间的关系，正确处理语言形式结构教学和语义结构教学的关系等。语言教学的教学原则的制定必须在综合考虑语言规律、语言学习规律、语言教学规律等基础上进行。

四、教学方法

语言教学的方法比较复杂，对语言教学方法的研究甚至已经成为一个专门的研究领域。以下几点可以用于指导教师、学者对语言教学方法的选择、采用、研究：在选择、编排作为教学内容的言语材料时，要以学生的需要为依据，遵循由易到难，由浅入深的原则，并且这些言语材料要便于教师根据学生对知识的接受程度对相关的言语现象进行分割、排列、组合；要有计划地安排重现教过的内容，做到新旧相交，温故知新；应将课堂教学的部分时间用于操练言语技能、言语交际技能；针对不同的言语技能应该采用不同的训练方法；根据教学内容的不同、教学对象的不同采用不同的方法对理论进行讲解。

五、教学技巧

语言教学特别讲究教学技巧，对教学技巧的要求比较高。怎样引进一个新的语言现象、怎样板书、怎样提问、怎样使学生容易理解、怎样把课上得生动活泼等，都需要教学技巧。同一种语言现象，有的教师一教学生就学会，而有的教师费很大精力反复讲解，学生也不明白，这就是因为教师采用的教学技巧不同。

第二节　语言教学的基本类型与过程

一、语言教学的基本类型

划分教学类型是为了适应不同的教学对象和教学目的，有针对性地组织教学。所以，对语言教学类型的划分应该从不同角度和层次上进行。下面就是语言教学的常见分类。

（一）第一语言教学与第二语言教学

语言教学可以分为第一语言教学和第二语言教学，这是从语言教学的内容上进行的分类。

（二）常规教学与业余教学

按教育性质划分，语言教学可以分为常规教学和业余教学。常规教学又可以根据不同的教学目的划分为普通教学、预备教学、专业教学和特殊目的教学等。这些不同的教学类型分别适应不同教学对象。业余教学是充分利用学习者的业余时间，如工作之余、晚上、周末、假期等进行语言教学。

（三）长期教学与短期教学

按学习期限可以把语言教学分为长期教学和短期教学。一般来说，第一语言教学的时限都比较长，学校教育中通常会设置第一语言教学的内容；但是也有短期的教学，如各种语言表达培训班、语文辅导班等。

这两种类型在第二语言教学中区分得更加明确。按照我国英语教学界的习惯分法，教学期限在一学年及以上的算长期班，不到一学年的算短期班。短期班具有更明显的速成性质，主要适应临时目的。其他学习目的者也可以参加短期班学习，作为在其他教学类型中学习的补充。

（四）班级教学与个别教学

无论是长期教学还是短期教学，都可以从教学组织形式的角度再分为班级教学和个别教学。班级教学主要由教师根据大多数学生的特点，在一定的教学时间内，设计并教授一定的教学内容。这种类型的教学要依据科学的教学大纲和教材，是语言教学经常采用的教学类型。个别教学是一种一对一的教学类型，这种教学类型一般是根据学生的特点，学习目的和学习时间，由师生双方共同商定教学内容、上课的时间和教学进度。这种个别教学有更大的灵活性，能够适应各种学习目的，也能够适应不能加入班级教学或者希望加快或放慢学习进度的各种教学对象的特殊需要。例如，有的家长为了提高孩子的语文或英语水平而聘请家教单独辅导就是一种个别教学的形式。

（五）儿童教学与成人教学

由于儿童和成人在语言学习上有很大的不同，所以可以根据教学对象的年龄，把语言教学分为对儿童的语言教学和对成年人的语言教学。其中，儿童的年龄一般限于 14 岁以下，通常是小学及学前阶段的儿童，主要对其进行第一语言教学，有时也进行初级的第二语言教学。对成人的语言教学多为第二语言教学。

（六）初级、中级与高级阶段教学

根据学习语言的程度，可以把语言教学分为初级、中级和高级三个阶段。第二语言教学的三个阶段是按照学习者掌握第二语言的程度来区分的。第一语言教学是一个比较漫长的过程，在此过程中，儿童第一语言的能力是随着年龄的增长而逐步提高的，在同一个年龄段其语言水平比较接近，因此一般可以按照年龄来划分初、中、高级，但也要参照实际语言能力的发展状况。例如，我国的英语教学分为初中、高中和大学三个阶段，大致可对应于初级、中级和高级三个阶段的教学。

二、语言教学的基本过程

语言教学是十分复杂的过程，它涉及多个领域，如社会科学、自然科学。另外，它还与语用学、心理学等学科相关。此外，语言教学还与政治、经济以及一个国家的教育制度、政策有密切联系。语言教学不仅仅是一个教学活动，也不仅仅是一门研究语言教学活动的学科，更是一项需要国家政府参与的事业。

（一）制定政策

语言教学对每个国家和民族来说都是最重要的任务之一。语言教学不但是一种个人行为，而且也影响着一个国家和民族的发展。因此，国家和政府既要投入一定的经费用于语言教学，又要根据国内语言教学的现状，制定相应的语言文字政策和语言教育政策。在我国，汉语无论是作为第一语言教学还是第二语言教学，都必须教授和使用普通话和规范汉字，其依据就是《中华人民共和国国家通用语言文字法》。

（二）总体设计

制定好语言政策之后，要由语言学家或其他专业人员来具体执行政策，主要是进行语言教学的总体设计，如确定教学要求、教学内容和教学时间，确定课程设置及各门课程的具体教学方式，制定教学大纲和教学计划，编写或选择教材。例如，在 20 世纪 80 年代初，我国学者根据英语教学事业创立时期，教学活动处于经验型的探索阶段和缺乏科学性、规范性的实际情况，提出了英语教学的总体设计理论，把英语教学看成是一项系统工程，认为总体设计是根据语言规律、语言学习规律和语言教学规律，在全面分析第二语言教学的各种主客观条件，综合考虑各种可能的教学措施的基础上选择最佳方案，对教学对象、教学目标、教学内容、教学途径、教学原则以及教师的分工和对教师的要求等做出明确的规定，以便指导教材编写（或选择）、课堂教学和成绩测试，使各个教学环节成为一个互相衔接的，统一的整体，使全体教学人员根据不同的分工在教学上进行协调行动。这个针对英语教学的"总体设计"比较全面，不仅适用于英语教学，也可以用于第一语言教学和其他第二语言教学。

（三）编写教材

教材是语言教学付诸实践时所依据的材料，在教学活动中占有很重要的地位。不管是课上的学习还是课下的自学，教师的教与学生的学要依照一定的教材进行。教材是总体设计的具体体现，反映了培养目标、教学要求、教学内容、教学原则；同时教材又是课堂教学和测试的依据。根据总体设计编写相应的教材成为语言教学基本过程中非常必要的一步。

（四）师资选拔和培训

教师和学生是教学活动中的两个重要参与者，是教学过程中最重要的因素。语言教学涉及的内容非常广泛，对教师要求很高，语言教师除了具备相当的语言本体知识外，还得具备一定的文学、历史、经济、政治、科技等方面的素养。语言教师必须经过严格的选拔和培训才能够胜任教学工作。

（五）课堂教学

课堂教学是所有教学活动中最重要的一个环节。所有既定的教学目标、教学计划、教学内容、教学原则、教师设计的教学环节以及教材是否科学适用等都是要在课堂上贯彻和检验的。学会一种言语现象要经过感知、理解、模仿、记忆和巩固几个阶段，这几个阶段大部分也都要在课堂上完成。课堂教学在全部教学活动中处于中心地位，所有其他教学环节上的工作都要从课堂教学的需要出发，以满足和适应课堂教学的需要为宗旨，为课堂教学服务。

（六）语言测试

有教学就会有测试，语言测试任何时候都无法脱离教学。可以说，测试与教学是相辅相成的。语言测试的目的就是评价学习者的语言水平，评估教学的实际效果，为选拔人才提供依据，为改进教学中的问题提供反馈，为语言研究的发展提供素材等。我国现在的英语四、六级考试都是规模较大、较为成熟的语言测试。

（七）教学研究

语言教学除了必要的教学活动和理论支撑之外，还需要有同步的教学研究。教学研究是教学成熟和发展的重要因素。正因为教学中会碰到这样那样的问题，才会引发教学工作者的思考。从"以教师为中心"到"以教师为主导，以学生为主体"的变化，从仅仅重视教学法的研究到注重教授者和学习者双重因素的研究，就是语言教学研究不断深入的体现。语言教学中还有很多问题没能很好地解决。到底该如何更好地提高学习者的学习效率？学习者在学习过程中究竟还受到哪些生理或心理因素的影响？人类语言学习的机制是什么样的？这些都是未来语言教学研究需要进一步探讨的问题。

第三节　第一语言教学和第二语言教学

一、第一语言教学

（一）什么是第一语言

第一语言（first language）是指一个人出生后最先接触并获得的语言。例如，一个婴儿出生后首先接触并获得了汉语，汉语就是他的第一语言。同样，一个婴儿出生后首先接触并获得的是英语，那么英语就是他的第一语言。

（二）母语

《现代汉语词典》指出，母语是"一个人最初学会的一种语言，在一般情况下是本民族的标准语或某一种方言"，这种"母语"通常被译成mother language。还有人认为，母语是指"本民族的语言"，这个意思常被译为 native language。母语还可以被解释为一个语系中作为其他语言共同起源语的语言，如拉丁语被认为是法语、意大利语、罗马尼亚语等所有罗曼语的母语，这个意思通常被译成 parent language。要想弄清楚第一语言和母语的关系就必须先对母语进行明确的界定。我们认为，母语就是指父母乃至多代以前一直沿用下来的语言。母语具有继承性，它体现了人们世代的语言关系。一个人出生之后通常是继承了母语，母语通常也就成为他的第一语言。例如，一个汉族儿童自幼所习得的语言就是他祖祖辈辈沿用下来的汉语，汉语就是他的母语，当然也是他的第一语言。

（三）本族语

第一语言也不等同于本族语。本族语（native language）也称"民族语"，是指语言习得者自己的民族所使用的语言。通常来说，每个民族都有自己独立的语言，如汉族有汉语、维吾尔族有维吾尔语、俄罗斯有俄语。一个人儿时从父母那里习得本民族语言，这时，他的第一语言和本族语是一致的；但一个人儿时从父母或当地社团那里习得外族语言，这时他的第一语言就不是本族语，于是出现了第一语言与本族语分离的现象。

（四）第一语言教学的定义与特点

1. 第一语言教学的定义

第一语言教学（first language teaching）一般是本族语教学或母语教学，它主要是指儿童习得第一语言之后有意识地继续学习第一语言而进行的正规的学校课堂教学活动。汉族儿童出生之后首先习得汉语，汉语就是他习得的第一语言，入学后继续学习汉语，在学校里所进行的一系列汉语教学活动就是第一语言教学。第一语言教学通常开始于正规的学校教育，一般是在小学阶段。儿童入学之后，就进入第一语言的学习阶段。在学习过程中，有教师指导、有教学大纲等，通过有目的、有计划的教学活动，学生不仅学习了本族语系统的语言知识，同时也学习了语言所负载的本民族的风俗习惯和传统文化，语言知识的获得和对客观世界的认识是同时进行的。

2. 第一语言教学的特点

第一语言教学的特点是：学习者都有一定的语言基础，已经基本具备运用该语言进行交际的能力；时间充裕，有很好的语言环境，练习实践的机会多；学生和教师之间交流不存在语言障碍；教学更注重语言的形式；掌握文化主要是靠习得，在这里语文教学起很大的作用，学生通过学习语文，既能够掌握语言知识，提高语言运用能力，又能够学习文化，并从中受到道德教育。

二、第二语言教学

（一）什么是第二语言

第二语言（second language）是指一个人掌握了第一语言之后所学的另一种或多种其他语言。第一语言与第二语言是按语言学习的先后顺序来划分的，先习得并掌握的语言是第一语言，后习得或学习的语言不管有多少种，都属于第二语言。第二语言可以是外国的语言，也可以是本国其他民族的语言。第二语言一般是非母语、非本族语，特殊情况下也可以是自己的母语或本族语。

（二）目的语

目的语（target language）是指人们正在学习并希望通过学习获得的任何语言。在语言教学过程中，不管是外语还是非本族语，甚至是母语，只要是学习者希望掌握的语言，都可以称为目的语。第二语言的学习一般是目的语的学习，但第二语言不等于目的语。

（三）外语

外语（foreign language）就是外国的语言。外语属于第二语言，但第二语言却不一定都是外语，二者的所指范围不同。第二语言多数都是指外语，但除了外语，还包括本国其他民族的语言或本族语之外的本国通用语。在中国，中国人学习的英语可以称为"外语"，而少数民族学习汉语，或汉民族学习少数民族语言，一般不叫"外语"，而叫作"第二语言"。中国人学习的外国语言如英语、法语等既可以称为"第二语言"，又可以统称为"外语"。

（四）第二语言教学的定义与特点

1. 第二语言教学的定义

第二语言教学（second language teaching）是与第一语言教学对应

的，主要指人们在习得、掌握第一语言后，在学校环境里进行的正规的学习其他语言的教学活动。

第二语言教学包括外国学生在目的语国家的学校里进行语言学习的教学活动，还包括学习者在本国的外语院校进行第二语言学习的教学活动，又包括本国某一民族的学生在本国学校里学习本国其他民族语言的教学活动。

2. 第二语言教学的特点

第二语言教学包括"教"和"学"两个方面。第二语言教学研究既要研究"教"，又要研究"学"。"教"包括课堂组织、课堂教学技巧、教材的编写、成绩的测试等，"学"包括学习者的心理和学习的规律等。

第二语言教学与第一语言教学都是语言教学，二者有着共同的语言学习规律，但由于教学对象、教学环境以及学习者文化背景等方面的不同，第二语言教学与第一语言教学也存在一定的差异，并形成了自己的特点。

具体来说，第二语言教学的特点可以概括为如下几点：①第二语言教学主要是以培养学习者运用目的语的交际能力为目标。②第二语言教学以技能训练为中心，通过大量练习和反复实践将语言知识转化为技能。③第二语言教学以集中进行强化训练为主要教学形式。第二语言学习者多为成人，要在比较短的时间内掌握目的语，客观上需要课程集中、内容密集、进度较快、班级规模相对较小。④第二语言教学重视基础阶段的教学。基础阶段的教学对第二语言的初学者来说尤其重要，它将为进一步学习目的语打下坚实的基础。⑤第二语言教学注重语言对比。第二语言教学通过目的语与母语的对比，确定教学的重点和难点。⑥第二语言教学重视母语对目的语的迁移。⑦第二语言教学更加注重文化教学。语言教学离不开文化教学，要熟练地掌握并运用目的语进行交际就必须学习该语言的文化，特别是与语言交际相关的文化。

第二语言教学的这些特点会影响到第二语言教学的内容、方法和教学原则等的确定。

三、第一语言教学与第二语言教学的对比分析

第一语言教学与第二语言教学既有相同之处，又有不同之处。

（一）第一语言教学与第二语言教学的相同点

第一语言教学与第二语言教学同属语言教学，第一语言的"教"与"学"和第二语言的"教"与"学"必然存在某些共性。总体上说,第一语言教学与第二语言教学的共性体现在两者都以培养语言的交际能力为目的，学习都需要有一定的语言环境，都必须学习并掌握语言的三个要素。具体地看，两者的共同点主要表现在如下两个方面。

1.从教的方面来看

第一语言教学和第二语言教学都要讲授基本的语言规律，都需要培养学生听、说、读、写的能力和对语言规律的概括能力；教学内容都包括语音、词汇、语法三个语言要素和语用规则、言语技能以及相关的文化知识；教学步骤均有预习、讲解、答疑、练习和巩固等几个环节；教学过程都是由易到难、由浅入深、循序渐进；教学方式上都会有实物展示、课堂提问、课堂讨论等；课堂上都要注意趣味性和情感性，提高学生的学习兴趣，增强学生的自信心。

2.从学的方面来看

第一语言教学和第二语言教学对于学习者来说，都是为了获得语言的交际能力；学习第一语言和学习第二语言存在着某些相同的学习策略；学生都要掌握基本的语言规律；学习大体上都要经过感知、理解、模仿、记忆、巩固和应用等阶段；两者都是有意义的学习，而不应是脱离意义的机械性的操练。

（二）第一语言教学与第二语言教学的差异

由于学习的主体不同、动机不同、环境不同、方式不同、过程不同以及学习者文化背景的不同，第一语言教学与第二语言教学存在着明显的差异。总体上说,两者的差异主要表现在：第一语言的学习者是儿童，而第二语言的学习者多是成人；第一语言的学习是在自然的环境中进行的，家庭、社会为学习者提供了优越的语言环境，而第二语言学习由于相对缺少目的语的语言环境，学习者掌握目的语就困难得多；第一语言的学习者语言能力和思维能力同时发展，第二语言学习者学习过程中往往要经过第一语言的思维过程，存在着由此而产生的第一语言的负迁移问题；第一语言学习者通常在学习语言的过程中就习得了该语言的文化和语用规则，而第二语言的学习还要花相当的时间和精力专门学习目的语的文化等。

四、第二语言写作教学及主要方法

第二语言教学主要涉及第二语言语音、词汇、语法、听、说、读、写等教学，下面仅就其中的写作教学进行讨论。第二语言写作是第二语言学习中的一大难点，也是第二语言习得研究领域内的一大热点。国外对第二语言写作的实证研究开展了近半个世纪，国内这方面研究则起步较晚。近十年来，有关第二语言写作，特别是英语写作的研究发展很快。张在新等学者（1995）分析了英语写作中的主要问题，指出了写作教学的教学法等方面是薄弱环节。王文宇、王立非（2003）在《中国英语写作实证研究的回顾与展望》一文中指出的"今后英语写作研究的重点"中就有寻找第二语言写作教学的有效途径。

（一）英语写作教学回顾

从理论角度讲，写作教学法的发展有三个阶段。第一个阶段是亚里士多德学派法，此法强调理性的创造；第二阶段是成果教学法，此法以写作最终成品为中心并且非常注重语法、语言知识；第三阶段是过程教学法。我国的第二语言写作教学中，后两者长期以来居于主导地位，以下概述其特点与不足。

1. 成果教学法及其不足

传统的成果教学法在写作教学领域占主导地位长达两百年。在此期间，外语或第二语言写作教学就是语法句型教学的代名词。成果教学法的理论基础是行为主义，写作教学过程为教师给予刺激、学生做出反应的过程，认为学生只要能熟练掌握写作技巧，就能够处理复杂的写作任务，掌握复杂的句子和组织复杂的段落。整个写作过程都是在教师支配下进行，学生毫无自由创作的空间。成果教学法认为：写作与语言知识相关，重点在于词汇、句法和衔接手段的正确使用，因而将教学重点放在最终的成品上，强调语言的正确性及文章的结构和质量。操作上，它要求学生在教师的严格指导和控制下从语法练习开始，逐步过渡到比较自由的写作。具体的表现为：教师提供范文，进行分析，讲解；然后学生模仿范文。它一般包括以下四个步骤：①熟悉范文。教师选取一篇形式完美的范文进行课堂讲解，重点分析其修辞选择形式和结构模式，目的是使学生熟悉特定语篇的修辞特点和语言特点。②控制性训练。教师就写作某类文章常用的句式进行训练，并指导学生从事段落写作等活动。③指导性训练。要求学生就所给题目模仿范文写出一篇尽量完美的作文，然后由教师批改。④自由写作。通过以上学习和训练，学生可以自由发挥，使写作技能成为其现实活动（写信，故事或散文等）的一部分。在批改作文的过程当中，教师把学生的作文当成最后成果来进行修改、评分，评判的依据主要是句子层面的修辞形式和语言正确度。

2. 过程写作教学法及其不足

过程教学法把写作视为一个过程，而不仅仅着眼于最终的写作成果。过程教学法吸引了众多的研究者，但迄今为止，研究者们对写作过程的描述仍未达成一致意见。虽然如此，过程教学法的基本原则是共同的：它注重从构思、资料收集、写作、修改到定稿等所有写作活动。过程教学法不再把重点放在诸如语法、篇章结构等语言知识上，而是放在制订计划、寻找素材、撰写草稿、审校等写作过程和技能上。

特里布尔的四阶段教学模式在过程教学法各派中较为典型。这四个阶段如下：①写前准备。写前准备是一个输入阶段，是一个构思活动，包括阅读相关资料，调查与写作主题有关的人或事，在老师的指导下与同学进行分组讨论，打腹稿等。这些活动使学生就某一主题获得尽可能多的素材，其中打腹稿是最重要的环节，能使学生对写作内容"胸有成竹"。②写作阶段。在这一阶段，学生对腹稿进行取舍，整理出一个提纲，在此基础上进行初稿写作。③修改阶段。初稿完成后，学生再次在教师的指导下与同学进行小组讨论，然后根据教师、同学的意见单独或与其他小组成员一起修正初稿。④编辑阶段。在编辑阶段，学生通过通篇阅读全文，并作必要的扩充、删节。按照过程写作法的要求，老师在写作过程中主要起辅助作用，重在开发学生的潜能。过程教学法认为写作主要是一种教师辅助下的语言技能练习，在这种练习过程中，学生不是学习而是获取写作技能，这种获取是一个无意识的潜移默化的过程。过程教学法的理论基础是交际理论，认为写作的过程实质上是一种群体间的交际活动，而不是写作者的个人行为。

然而过程法并非毫无瑕疵，霍洛维茨曾指出盲目使用过程法的四点不足：①不适用于考试或高度结构化的写作任务。②忽略了其他成功写作的策略。③不利于对大学生写作的评价。④并非适用于所有的任务和写作者。

（二）任务型教学法

1. 任务型教学法简介

任务型教学法是指一种以任务为核心单位计划、组织语言教学的途径，以期使学生在"做中学""用中学"。强调在互动中完成任务，并根据任务的结果评价任务的执行情况。任务型教学的提出可追溯到20世纪70年代末80年代初泊拉胡指导的印度班加罗尔交际教学实验。20世纪80年代中期以后随着心理语言学相关理论的发展，任务型教学的发展、演化，内涵得到不断的丰富。

任务型教学或学习中的任务是整个系统的一个有机组成部分，任务就是用语言（口头的、书面的或综合的）处理模拟的或真实的生活中的问题；任务各方面的有效综合和相互作用指向课程的总体目标。任务既可以让学生学到语言，又可以发展学生本身。

任务型教学使学生成为教学活动的主体，任务的选择、设计、组织力求尊重学生的兴趣和需求，使他们形成学习的内在动机。从发展认知、培养能力的角度看，以任务为本的学习是一种"做中学"。完成任务要求学习者设法用所学语言去解决问题、克服困难。这是一个各方通过相互合作、意义协商等策略达到相互理解，争取最终达成共识的过程。

2. 任务型英语写作教学探析

鉴于以上所提到的结果法和过程法的不足，写作教学理论在多元综合理论的基础之上综合前两种教学法的优势创造了一种新的写作方法：任务型写作教学。任务型写作教学既强调教学结果又注重教学过程，吸收了成果写作教学法和过程写作教学法的优点，同时兼顾不同的写作任务，填补了成果教学法与过程教学法的不足，又顺应写作教学发展的多元综合路线。将任务型教学法应用于英语写作教学是"寻找第二语言写作教学的有效途径"探索性的一步，值得作出进一步的研究。

多元综合理论所强调的"综合"是创新的基础和前提。任何教学法的创新都不是空穴来风，总是有所继承，有所借鉴，在继承和借鉴的基础上，有所创造和发展。他们任务型写作教学法就是在多元综合理论支持下的提升和创新。

威利斯的任务教学模式显示了任务型英语写作教学的优势。首先，它把写作视为一个有始有终有过程的完整流程。前任务阶段主要是引入并明确写作任务，最大限度地为执行写作做好准备。执行任务阶段，主要以小组为单位着手实际写作，强调让学生自然地使用语言，使其语言由最初的只求可交际性到准确表达。语言焦点阶段，着重于将学生写作过程中已观察到的语言特征系统化并巩固写作过程中的新的语言知识。其次，任务型教学法应用于英语写作教学可以增强学习者的自主学习意识。整个任务写作过程中，从开始的引入任务，就强调要学生有目标地应用英语完成任务即自我监控，到最终的任务完成情况为学生提供了自我评价的参照尺度，从而使得学生在整个过程中多等发挥其自主学习能力。最后，任务型教学法应用于英语写作教学可以激发学生的学习兴趣。

3. 任务型写作教学的发展前景

以上分析使我们清楚地看到，成果教学法和过程教学法，无论就其教学步骤还是其教学特点都没能完整处理写作教学的各个环节，也没能将整个写作流程与最终成品合理地联系起来。作为一种产出性语言应用能力，英语写作能力是社会英语人才需求的重要方面，为此，寻求一种新的英语写作教学法势在必行。任务型英语写作教学法不仅综合了过程写作教学法和成果写作教学法的优势，又弥补了其不足，而且还能促进学生的自主学习意识，增强其学习动机，在完成写作任务的过程中增进语言知识，篇章结构把握及团队协作，是英语写作教学发展的必由之路。

在英语教学改革的大背景下，为了满足社会发展对英语人才培养的新要求，具有强应用性的大学英语写作教学势必要顺应改革趋势。鉴于以上所讨论的任务型写作教学的优势，可以推断任务型教学法应用于英语写作教学是大学英语写作教学改革的探索性道路。

第四节　我国的外语教学与双语教学

一、我国的外语教学

外语教学是语言教学的一个重要组成部分。我国的外语教学从明朝开始到 20 世纪以前，主要是通过政府设立某种机构来培养外语专门人才，规模很小。20 世纪初，外语教学开始走进我国中学课堂。根据教师的母语情况，我国的外语教学可以分为两种类型：①本族语教师教授本族学生外语；②非本族语教师教授本族学生外语。我国目前的外语教学主要是英语教学，其次是法语、日语、俄语、德语等。改革开放以来，随着我国对外经济贸易、对外文化交流的日益增加，科学技术发展日新月异，学习和掌握一门外语显得越来越重要，外语教学特别是英语教学在中小学、大学课程中占有重要的地位，我国的外语教学得到迅速普及，在师资培养、教学研究和教材编写等方面积累了不少有益的经验。下面就重点介绍我国大学外语教学的现状及教学改革。

（一）我国大学外语教学现状

我国的大学，外语教学从专业来看可以分为两种类型：①外语专业的外语教学，主要是英语、日语、法语等；②非外语专业的"大学英语教学"，指在我国各类大专院校中对非英语专业的学生进行的英语教学。

我国外语专业课程主要有精读、泛读、听力、口语、翻译等，全面培养学生的听、说、读、写、译的能力；不少学校聘请外教教授口语等课程。但与其他学科相比，外语教师相对紧缺，学历偏低，职称偏低，在一定程度上影响着语言教学效果。非外语专业的大学英语教学一般是在大一、大二进行，开设的课程很不系统，听力课时很少，基本上不开口语课；通常采用大班上课形式，学生的水平不一，教师的教学很难做到针对性，教学效果可想而知。在我国，如何提高"大学英语教学"的效率一直是一大难题。

外语水平测试是外语教学的一个重要环节，是衡量一个学生外语水平的重要依据，在中国各类升学考试中占有极为重要的地位。中国的外语考试除了课堂教学中的各种测试，期中考试、期末考试、单元测试外，还有专门机构命题，组织考试和评卷的外语考试，这种考试规模一般都很大，语种主要是英语，如高考英语考试，大学英语四级（CET4）、六级（CET6）考试，专业英语四级、八级考试等。此外，还有一些学生自愿报名参加雅思、托福、GRE 以及英语初、中、高级口译等考试。

（二）我国外语教学的改革

20 世纪 90 年代，随着语言学、教育学、心理学和计算机等学科的迅速发展，外语教育教学的理论和实践研究得到快速发展，外语教学内容和手段发生了深刻的变化。一些学校开设英语口语实验课和尝试双语教学，调整课程设置，改革考试评价，外语教学确实取得了不小的成绩。但我国的外语教学，不管是中小学还是大学，仍存在不少问题。例如，在外语教学理论方面还缺乏具有突破性、实用性的教学方法，单一的、"满堂灌"的教学方法和被动的学习方式难以使学生形成听、说、读、写综合的语言运用能力；在实践方面，"费时低效"与"哑巴英语"等问题仍然存在；听力和口语教学还是外语教学的一个"瓶颈"，口语测试在大多数中学还是空白。很多外语教师感到在教学上投入了大量的精力，但收效并不明显。

外语教学的改革应该注重如下几个方面：①引进、消化并吸收国际上最新的教学理念和方法，探讨建立具有中国特色的外语教育实施与外语教育评价体系。这已经成为我国外语教学界的当务之急。②提高教师素质。③小语种教学，配合我国的英语教学。

二、我国的双语教学

（一）什么是双语教学

对于双语教学（bilingual teaching）的定义，目前还没有一个公认的说法。通常认为，双语教学是指在教学中同时进行两种语言教学，通过双语教学，使学生成为操双语者。双语教学有狭义和广义之分，广义的双语教学是一种教育模式，指在加强外语学习的同时，对非外语课程用母语和外语两种语言进行教学，以培养学生用外语思考的习惯；狭义的双语教学是一种教学方法，即通过本族语和一门外语的教与学，让学生能够用两种语言进行学习、思考和交流，达到既精通母语又能掌握一门外语的教学方法。双语教学在我国原指少数民族地区的学校为了使学生既能学好本民族语又能掌握汉语而使用汉语和少数民族语言两种语言进行教学的一种教学模式。现在我国的双语教学可以理解为：将母语以外的另外一种语言直接应用于语言学科以外的其他学科的教学，使第二语言的学习与各学科知识的获取同步。我国的双语教学从所教的语言来看主要有两种类型：一是指英语和汉语的教学，在强化英语学习和教学的基础上，在学校的非英语学科教育中尝试用英语作为教学语言，从而培养学生使用汉语和英语两种语言的能力；二是指部分少数民族地区的汉语和少数民族语言教学。

（二）我国高校双语教学的现状

尽管我国高校的双语教学由来已久，但始终没有得到系统的、稳定的发展。民国时期，北京大学率先进行双语教学，北洋大学（今天津大学）及南开大学受其影响，都成为当时重要的文理双语人才培养基地。教学采用原版外文教材，由洋人或精通外语的教师讲授。这种双语教学模式为中国培养了很多学贯中西的人才。新中国成立后，我国曾一度兴起以俄语为第二大语种的双语教育，在较短的时间内培养了一批通晓俄语的专业人才。基于种种因素，我国的双语教育几度中断，没有得到很好的发展。进入 21 世纪，为适应时代的需求，高校的双语教学备受重视，成为教学改革的一个重点，很多大学积极开设双语课程，用英语进行公共基础课和专业课的教学。

直到今天，我国高校先后开展了双语教学的实践（主要是英语和汉语教学），引进了大量外文原版专业教材，双语教学逐步展开。采用双语教学的课程遍及信息科学、机电工程、化工、生命科学等领域。高校双语教学不同于中小学双语教学，它的起点高，对外语教学语言使用比率也有具体的要求，即外语教学语言必须占整个课程教学时数的 50% 以上。

双语教学为学生学习英语提供了更广阔的实践空间，为学生使用第二语言思维打下了坚实的基础，对改进我国长期以来英语教学"耗时低效"的现状起到了重要作用。双语教学可提高学生的综合素质，培养全面发展的复合型人才，并努力使一些学科与国际最前沿的发展接轨，适应世界高科技发展的需求。

需要指出的是，有一些学者对双语教学提出了疑义，认为双语教学会冲淡学生对母语的学习，影响用母语进行思维的能力，尤其是小学低年级；实行双语教学的现实条件还不够成熟，学生外语水平参差不齐，整体较差，师资匮乏，缺乏相应的双语教学教材，双语教学的性质、目的、任务等还不够明确，等等，这些问题都影响了我国双语教学的发展。还有人对我国目前"双语教学"带来的"英语热"表示担心。

（三）改善双语教学现状的措施

双语教学是促进经济发展、科技进步、文化发展与交流的需要，所以必须重视双语教学，必须采取有效措施提高双语教学的质量。针对我国双语教学的现状，我们提出以下几个措施。

1. 编写、选择合适的双语教材

教材是知识的载体，是实施教学的重要保障，无论采用何种教学模式，教材都是不可缺少的因素，对双语教学而言也不例外。目前，我国的双语教学教材主要包括原版引进教材和自编教材两类。虽然引进原版教材可以借鉴国外的教学理念、教学方法、教学手段，可以让学生接触相关领域内国外最新的研究成果，但是原版教材是由国外相关教育学者编写的，符合外国教学需要的教材，不太符合我国双语教学教师与学生的实际需要。教师在使用原版书进行教学时，应该结合教学的实际情况进行变通。随着双语教学的深入开展与推行，我国教师开始自编双语教材，但是由于受到学科背景、专业知识、英语水平的限制，自编的双语教材质量总体偏低。

2. 加快双语教学教师的培养

教师是教学的直接实施者，教师综合素质的高低是影响双语教学质量的关键因素。双语教学的实施首先需要培养优秀的双语教师。实施双语教学不仅要求教师要有较高的专业水平,还要有较好的英语运用能力。

当前双语教学的首要问题是专业教师的英语口语能力不能满足双语教学的需求，培养一支专业知识扎实丰富，英语运用水平高的双语教学教师是我国开展双语教学的当务之急。

3. 采取合适的教学模式

双语教学主要有以下三种授课模式：①采用英文教材，用中文讲授，这是初级双语教学。②采用英文教材，用中英两种语言进行教学，这是中级双语教学。③采用英文教材，用英文讲授，这是高级双语教学。

研究结果表明，第一种模式是成功率最高的。现阶段的我国国情和外语教学的实际决定了我们只能采用"双语过渡"模式或"维持母语"模式。

随着我国高校的扩招，不同高校的学生、同一学校不同专业的学生、同一专业的不同学生英语水平存在比较大的差距，不少学生的英语水平还达不到双语教学的需要。双语教学并没有统一的教学模式，教师应该根据学生水平、讲解内容等采取适当的教学模式，以便达到提高学生学科知识水平和探究能力的教学目标。

学生如果能够有机会不断接触和运用英语，外语能力就会迅速提高，双语教学的质量也会明显提高。这并不是说，在双语教学中要完全使用英语，摈弃母语。学生的英语运用能力是影响双语教学质量的另一个关键因素，教师在教学中必须考虑这一因素。实际上，教师无论采取何种教学模式，都应该是母语与外语相结合。在双语教学过程中，以外语讲授为主，适当使用母语进行提示，讲授，以便于学生理解外语的学科知识，使外语能力不同的学生在双语教学的过程中都有比较大的收获。

双语教学可以在不增加教学时间的情况下大大增加教学的效益。在使用适当的教学模式的情况下，双语教学对学生和教师双方都有益。一方面，学生在学习学科专业知识的同时锻炼了英语听、说、读、写等能力，而且培养了学生良好的英语思维习惯和多元文化意识；另一方面，双语教学促使教师在教学中使用英语，提高了英语水平，并且有利于扩大教师的知识广度，发展思维能力，提高教学水平。

参考文献

[1] 程鹤，张娣．基于认知语言学的英语隐喻翻译思路创建 [J]．现代英语，2023（9）：87-90．

[2] 代玥．多维视角下英语语言发展研究 [J]．淮南职业技术学院学报，2023，23（4）：89-91．

[3] 戴瑞亮，张建科，徐文彬，等．现代语言学理论综述 [M]．青岛：中国石油大学出版社，2016．

[4] 杜国东．语言、思维、价值观：提高英语对外传播有效性的三个层次 [J]．国际传播，2021（2）：42-49．

[5] 樊坤铭．英语教学中应用语言学、语用学及其应用之比较分析 [J]．现代英语，2023（5）：79-82．

[6] 樊晓培．英语语言学中语音及词汇变化规律研究 [J]．海外英语，2023（12）：67-69．

[7] 郭雯．社会语言学在英语教学中的应用启示 [J]．北京印刷学院学报，2021，29（9）：143-145．

[8] 郭玥彤．文化语言学下的汉英网络词汇对比 [J]．文学教育（上），2021，（12）：168-169．

[9] 呼和．语音学对语言学的贡献 [J]．满语研究，2023（1）：73-79．

[10] 胡丹．英语语言学及应用语言学研究 [M]．长春：吉林人民出版社，2021．

[11] 黄国文，张培佳．系统功能语言学的性质、特点及发展 [J]．现代外语，2020，43（5）：601-611．

[12] 黄国文．什么是系统功能语言学 [J]．北京科技大学学报（社会科学版），2023，39（1）：73-89．

[13] 黄婷婷．英语语言能力以及语感的相关性分析 [J]．普洱学院学报，2015，31（6）：103-105．

[14] 江涛．现代语言学理论与教学动态发展研究 [M]．长春：吉林人民出版社，2020．

[15] 巨君君．英语语言文化系统中的语言政策与跨文化交流研究 [J]．现代英语，2023（14）：80-83．

[16] 梁雅梦，时禹桐．从系统语法看系统功能语言学的纵深发展 [J]．北京科技大学学

报（社会科学版），2023，39（1）：99–110.

[17] 刘丽萍 . 基于认知语言学的句法结构阐释 [J]. 语文建设，2017（33）：68–69.

[18] 刘媛媛 . 高校语言教学模式创新研究 [J]. 才智，2020（6）：153.

[19] 邱晓敏 . 第二语言使用者概念对语言教学的影响 [J]. 海外英语，2021（11）：35–36.

[20] 时亚辉 . 基于英语语言学的语音与词汇变化研究 [J]. 海外英语，2023（5）：78–80.

[21] 苏章海 . 对比语言学元语言系统的演变研究 [D]. 上海：华东师范大学，2014.

[22] 王华，崔俊影，经芳 . 语言学 [M]. 延吉：延边大学出版社，2018.

[23] 王晶 . 基于系统功能语言学的语义波分形构建研究 [J]. 长春师范大学学报，2023，42（5）：96–100.

[24] 徐健，杲倩男，范九伦，等 . 新型国际化背景下双语教学研究 [J]. 高教学刊，2023，9（6）：9–12.

[25] 杨雪芹 . 韩礼德的生态语言学思想论析 [J]. 连云港师范高等专科学校学报，2020，37（4）：26–30.

[26] 朱跃，方瑞芬 . 英语语言学 [M]. 合肥：安徽大学出版社，2015.